성장하는 너에게 들려주는

철학자의 한 문장

성장하는 너에게 들려주는

철학자의 한 문장

김한수 지음

하늘
아래

당신은 자신의 인생이라는 작품의 예술가입니다.
붓을 남에게 넘기지 마세요.

You are the artist of your life.
Don't hand the paintbrush to anyone else

삶은 무한히 펼쳐진 캔버스와 같습니다. 우리는 이 캔버스 위에 자신만의 색깔과 형태를 담아내야 하는 예술가입니다. 하지만 살다 보면 자신의 그림을 다른 누군가가 대신 그리게 내버려 두는 순간들이 있습니다. 타인의 기대와 사회의 기준에 맞추다 보면, 어느새 내가 원하는 색과 선은 희미해지고, 내 인생의 주인이 나라는 사실조차 잊게 됩니다. 그러나 자신의 삶은 스스로 채워야만 온전히 아름다운 작품이 될 수 있습니다.

특히 청소년 시기는 삶이라는 캔버스를 처음으로 채우기 시작하는 시기입니다. 무한한 가능성이 있지만, 어디서부터 시작해야 할지 막막한 순간도 많을 것입니다. 때로는 혼란스럽고, 잘못된 붓질로 캔버스를 망쳤다고 느낄 수도 있습니다. 그러나 중요한 건 바로 지금부터입니다. 시작이 조금

어설퍼도 상관없습니다. 중요한 건 내 손으로 붓을 쥐고 있다는 사실, 그리고 그 그림을 끝까지 완성해 나가려는 의지입니다.

이 책은 여러분이 자신의 캔버스를 그려나가는 데 영감을 주고자 만들어졌습니다. 철학자와 작가들이 남긴 지혜로운 문장들은 단순히 읽고 지나가는 말이 아니라, 여러분이 한 번 더 생각하고, 손으로 써 내려가며 자신의 마음속에 새길 수 있는 기회가 될 것입니다. 글자를 한 획씩 적어 내려가는 필사는 단순한 행위가 아닙니다. 그것은 곧 자신을 깊이 들여다보는 시간이며, 잊고 있던 내면의 목소리를 깨우는 중요한 과정입니다.

이 책은 다섯 개의 장으로 구성되어 있습니다. 첫 번째 장은 '꿈을 향한 너의 첫걸음' 입니다. 꿈은 우리가 살아가는 이유이자 앞으로 나아가게 만드는 원동력입니다. 막연한 두려움과 불안감 속에서도 꿈은 우리를 새로운 가능성으로 이끌어줍니다. 이 장은 여러분이 꿈꾸는 것을 두려워하지 않고, 한 발을 내딛는 용기를 찾도록 도와줄 것입니다.

두 번째 장은 '자기 확신과 성장의 길에서' 입니다. 자존감과 자신감은 스스로를 믿는 데서 출발합니다. 자신의 부족함에만 집중하기보다, 성장할 수 있는 힘과 가능성을 발견하는 것이 중요합니다. 이 장은 여러분이 스스로를 왜곡된 시선으로 바라보지 않고, 진정한 자신을 존중하는 법을 배울 수 있는 여정을 제시합니다.

세 번째 장은 '너의 삶을 단단하게 움직이는 힘' 입니다. 삶의 무게를 짊어지고 나아가기 위해 필요한 것은 용기와 인내입니다. 큰 목표를 이루는 데는 시간이 필요하지만, 매일의 작은 실천이 쌓여 결국 꿈을 현실로 만들어냅니다. 여러분의 노력과 책임감은 그 과정에서 가장 빛나는 도구가 될 것입니다.

네 번째 장은 '마음의 거리부터 가까워지는 소통' 입니다. 우리는 혼자가 아니라 관계 속에서 살아갑니다. 감사와 배려, 공감과 존중은 마음의 거리를 좁히는 소중한 다리입니다. 이 장에서는 진정한 소통이란 무엇인지, 그리고 그것이 어떻게 우리 삶을 더욱 풍요롭게 만드는지 탐구할 것입니다.

마지막으로, 다섯 번째 장은 '어제보다 더 나은 성장을 위해' 입니다. 독서와 배움, 습관의 힘은 우리의 내면을 끊임없이 단단하게 만들어줍니다. 하루하루의 성장이 쌓여 더 나은 자신을 만들어가는 과정은 결국 우리의 삶을 더 깊고 넓게 만들어 줄 것입니다.

이 책은 단순한 읽기에서 멈추지 않길 바랍니다. 필사를 통해 글을 따라 쓰며 스스로의 감정을 돌아보고, 자신의 이야기를 더해보세요. 철학자와 작가들의 문장은 여러분의 삶에 더 나은 방향을 제시하는 나침반이 되어 줄 것입니다.

여러분의 캔버스에는 어떤 그림이 그려질까요? 그 답은 오직 여러분 손에 달려 있습니다. 오늘 이 책과 함께, 여러분만의 작품을 완성해나가는 여정을 시작하세요. 작은 글귀 하나라도 여러분의 마음속에 새겨진다면, 그 한 문장은 여러분의 인생을 빛내줄 가장 소중한 붓이 될 것입니다.

이 책이 여러분의 성장과 꿈을 향한 발걸음에 따뜻한 위로와 용기를 주길 바랍니다.

차례

1장

꿈을 향한 너의 첫걸음

아름다운 꿈을 지녀라.
그리하면 때 묻은 오늘의 현실이 순화되고 정화될 수 있다.
먼 꿈을 바라보며 하루하루 그 마음에 끼는 때를
씻어나가는 것이 곧 생활이다.
아니, 그것이 생활을 헤치고 나가는 힘이다.
이것이야 말로 나의 싸움이며 기쁨이다.

★

릴케

1. 꿈,

너의 미래를
설계하는 희망

꿈을 품고 싶을 때,
네가 무엇을 바라는지 명확하게 알 필요는 없어.
가끔은 그저 마음속 깊은 곳에서 나오는 바람이 꿈이 되어
조용히, 하지만 확실히 너를 이끌어갈 때가 있을 거야.

그때 그 순간의 느낌을 믿어봐.
너만의 특별한 길이 이미 시작된 거니까. 어쩌면
그 바람이 너의 진짜 꿈으로 가는 첫 번째 신호일지도 몰라.
네가 그 길을 믿고 따라가면,
세상은 언젠가 너에게 답을 줄 거야.

"우리가 꿈꾸는 대로 살 수 있다면, 그 길은 언제나 열려 있다."

★

월트 디즈니

꿈이 크건 작건, 그 시작이 중요해.
처음엔 아무것도 없을지 몰라도, 그 한 걸음이 쌓이고 쌓여
결국엔 너만의 길을 만들게 될 거야.
너의 작은 용기와 첫걸음이 그 모든 것을 바꿔놓을 거야.
어떤 길이든 첫 번째 발걸음이 가장 중요한 걸 알아야 해.
그 첫걸음은 너의 꿈을 현실로 바꾸는 열쇠가 될 거야.

"꿈을 이루기 위한 첫걸음은 믿음이다."

★

마이클 조던

두려워하지 말고, 그 꿈을 믿고 앞으로 나가야 해.
때로는 사람들이 네가 걷는 길을 이해하지 못할지도 몰라.
하지만 너의 꿈은 이미 너의 마음속에서 자라나고 있고,
네가 그 길을 계속 걸어가면 언젠가는 그 꿈이 현실이 될 거야.
네가 바라는 대로 될 수 없다는 생각은 버려.
너의 꿈은 너만의 색깔로 빛나는 길을 만들어가고 있으니까.

조금 더 믿고, 조금 더 기다려봐.

그 길 위에서 너는 더욱 성장하고, 꿈은 점점 더 가까워질 거야.

모든 위대한 변화는 처음 한 걸음에서 시작되니까,

네가 이미 그 길을 걷고 있다는 걸 기억해.

그리고 그 첫걸음이 얼마나 소중한지, 매 순간 느끼며 나아가길 바라.

오늘, 너의 꿈을 향해 한 걸음을 내디뎌 봐.

꿈은 멀리 있지 않아. 너의 마음속에 이미 존재하고 있어.

네가 좋아하는 것, 열정을 느끼는 것,

끊임없이 도전하고 싶어지는 그 모든 것이 꿈의 시작이야.

그 한 걸음이 너의 인생을 바꾸는 시작이 될지도 몰라.

Day
.

1.
너의 꿈을 이루려면,
꿈을 향해 한 걸음씩 내디뎌야 해.

꿈을 이루기 위한 최선의 방법은

일어나서 꿈을 실천하는 것이다.

폴 발레리

폴 발레리 (Paul Valéry, 1871-1945)는 프랑스의 시인이자 철학자, 에세이스트로, 문학뿐 아니라 예술과 과학에 대한 통찰로도 주목받으며, 20세기 초 문학과 사상에 큰 영향을 미쳤습니다.

꿈을 이루고 싶다면, 그저 꿈꾸기만 해서는 안 돼.

일어나서 그 꿈을 향해 한 걸음씩 내딛는 것이 중요해.

작은 실천들이 모여 결국 그 꿈을 현실로 바꿔줄 거야.

2.
평온한 길 대신,
네 마음이 이끄는 길을 따라가 봐.

당신이 할 수 있는 가장 큰 모험은

당신이 꿈꾸는 삶을 사는 것이다.

오프라 윈프리

오프라 윈프리 (Oprah Winfrey, 1954 ~)는 미국의 방송인, 프로듀서, 배우이자
자선가입니다. 그녀는 'The Oprah Winfrey Show'라는 유명한 토크쇼를 진행하며
큰 인기를 끌었습니다.

너의 삶은 단 한 번뿐이야,

꿈꾸는 길을 향해 떠나는 것이 가장 큰 모험이지.

안전한 길 대신, 네 마음이 이끄는 길을 따라가 봐.

두려움 속에서도 내딛는 발걸음이,

너를 꿈의 현실로 데려다 줄 거야.

3.
꿈은 기다리는 것이 아니라,
끝없이 노력할 때 비로소 실현되는 거야.

꿈은 실현되기를 기다리는 것이 아니라,

실현하기 위해 끊임없이 노력하는 것입니다.

★

나폴레옹 힐

나폴레옹 힐 (Napoleon Hill, 1883-1970)은 미국의 성공 철학자이자 작가로,
대표작 『성공으로 가는 생각하라 그리고 부자가 되어라』는 책으로 전 세계적으로
큰 영향을 미쳤습니다.

꿈은 기다리는 것이 아니라,

우리가 끝없이 노력할 때 비로소 실현될 수 있어.

처음엔 두렵고 지칠 수도 있지만,

그 모든 시간이 결국 너를 단단하게 해줄 거야.

2. 시작,

괜찮아,
이제 시작이야

너는 어쩌면 가슴 한구석에

무거운 돌멩이를 얹고 있는지도 몰라.

잘해야 한다는 부담, 이미 늦었다는 불안,

그리고 모든 게 끝난 것만 같은 막막함.

하지만 고개를 들고 저 하늘을 봐.

태양은 매일 새롭게 떠오르며 세상을 밝히고 있어.

너에게도 그런 시작의 순간이 찾아오고 있어.

괜찮아, 정말 괜찮아. 지금까지 걸어온 길이 어떠했든,

너는 언제든 새롭게 시작할 수 있어.

"지금부터는 남은 인생의 첫 번째 날이다."

★

에머슨

이 말처럼, 오늘 이 순간이

너에게 가장 중요한 출발점이 될 거야.

시작은 언제나 조용히, 그러나 힘차게 찾아 올 거야.

꽃 한 송이가 피어나기 위해 겨울의 추위를 견디듯,

너의 마음속에서도 새로운 싹이 자라고 있어.

그 싹은 네가 지금 내딛는 첫걸음에서 자라날 거야.

네 속에서 퍼져 나오는 용기가 그 땅을 비옥하게 만들겠지.

혹시 스스로를 탓하고 있다면, 그 짐은 이제 내려놓아도 좋아.

누구나 처음은 서툴고 불완전하니까.

실패했어도 괜찮고, 멈춰 서 있었다고 해도 괜찮아.

"아무리 천천히 걷더라도 멈춰 서지만 않으면 목적지에 도달할 수 있다."

★

공자

이 말처럼, 한 발 한 발 내딛는 순간

너는 이미 변하고 있어. 그러니 두려워하지 마.

네가 그리는 시작은 네 삶의 새로운 색깔이 될 거야.

비록 지금은 작고 여린 선일지라도,

시간이 지나면 너만의 화폭을 가득 채울 거야.

그 그림이 얼마나 멋질지 상상해 봐.

괜찮아, 너는 지금 충분히 잘하고 있어.

그리고 더 중요한 건, 이제 막 시작하고 있다는 거야.

그러니 너의 내일을 향해 한 걸음 내디뎌 봐.

너의 시작은 이미 너의 세상을 빛나게 하고 있어.

너는 언제든 새롭게 시작할 수 있어.
지나온 길이 어찌 됐든, 오늘이 바로 너의 첫 번째 날이니까.
천천히 가도 괜찮아, 중요한 건 멈추지 않는 거야.
너의 첫걸음이 세상을 바꿀 힘을 가지고 있다는 걸 잊지 마.

1.
지금 완벽하지 않아도 괜찮아,
지금부터 시작이야.

시작하기 위해 위대할 필요는 없지만
위대해지려면 시작해야 합니다.

지그 지글러

지그 지글러 (Zig Ziglar, 1926 - 2012)는 미국의 유명한 동기 부여 연설가, 작가로,
세계적인 베스트셀러인《내일을 위한 성공》을 포함한 여러 책을 썼습니다.

위대함은 한순간에 찾아오지 않아.

처음엔 아무것도 없는 빈 땅에 씨앗을 심고,

하나씩 자라게 하는 과정이야. 너도 마찬가지야,

지금 완벽하지 않아도 괜찮아. 중요한 건

그 첫발을 내딛고, 꾸준히 나아가는 거야.

그러면 언젠가 너만의 위대한 이야기가 펼쳐질 거야.

2.
마음을 새롭게 한다는 것은
새로운 기회를 받아들이는 거야.

마음을 새로이 한다는 것은
곧 삶을 새롭게 한다는 것이다.

헨리 데이비드 소로

헨리 데이비드 소로 (Henry David Thoreau, 1817 - 1862)는 미국의 철학자, 작가로
대표작 《월든》에서 자연 속 단순하고 자급자족적인 삶을 통해 개인주의와 자립의
중요성을 강조했습니다.

마음을 새롭게 한다는 건,

예전의 아픔이나 걱정을 내려놓고

새로운 기회를 받아들이는 거야.

그렇게 마음이 바뀌면, 삶도 조금씩 달라지기 시작해.

새롭게 시작된 마음은, 네 인생도 함께 변화할 거야.

Day

3.
새로운 시간이 찾아오면
너는 새로운 마음을 담아야 해.

새로운 시간 속에는

새로운 마음을 담아야 한다.

아우구스티누스

아우구스티누스 (Agustinus, 354 - 430)는 고대 로마 제국의 철학자이자 기독교 신학자로, 그의 『고백록』과 『신의 도성』은 인간의 죄와 신의 은혜, 구원에 대한 깊은 통찰을 담고 있습니다.

새로운 시간이 찾아오면 너는 새로운 마음을 담아야 해.

과거의 아픔이나 후회는 잠시 내려놓고,

오늘의 빛을 따라가며 마음을 새롭게 해.

그렇게 마음을 바꾸면, 너의 길도 새롭게 펼쳐질 거야.

3. 목표

너의 꿈을
이루기 위한 첫걸음

때때로 목표가 너무 멀게 느껴질 때가 있지?

큰 꿈을 세우고 나서, 그 길이 험하고 길게만 느껴질 때,

너는 그저 한 걸음, 또 한 걸음을 내디뎌 가면 돼.

큰 목표를 이루고자 한다면

그것을 이루기 위한 작은 시작들이 더 중요해.

한 번에 모든 것을 이루려고 하지 말고,

매일 조금씩, 조금씩 쌓여가는 것들이 결국

너를 그 목표에 다가가게 만들어 줄 거야.

"목표를 세우는 것은 그 목표에 다가가는 첫 번째 걸음이다."

★

토니 로빈스

너의 목표는 단순히 한 번의 도약이 아니라,

작은 변화의 연속이야.

때로는 실패와 좌절이 올 수 있겠지만,

그때마다 네가 기억해야 할 것은,

실패 속에서 얻은 교훈이

목표에 가까워지는 또 다른 시작이 된다는 거야.

그리고 그 목표가 한 걸음, 한 걸음 가까워질 때마다

너의 자신감과 용기가 자라나고,

그 목표는 점점 더 현실로 다가오게 될 거야.

"진정한 목표는 반드시 달성할 수 있는 것이 아니라,
그 목표를 향해 나아가는 여정 속에서
우리가 성장하는 과정에 있다."

★

조지 메디슨

목표가 멀게만 느껴질 때,
너는 그 목표를 이루기 위해 한 걸음씩 걸어가면 돼.
작고 느리게 시작한 그 발걸음들이
결국에는 큰 성취로 이어질 거야.
그러니 멈추지 말고 계속 나아가길 바라.
너만의 길을 걸어가면서 목표를 향해 나아가면
언젠가는 그 목표가 네 손에 닿을 날이 올 거야.

너의 꿈은 멀리 있는 산처럼 보일 거야.

하지만 목표를 위해 한 걸음씩 나아가며

실패를 배우고 성장하는 과정에서

결국, 더 강하고 발전된 너 자신을 만나게 될 거야.

목표는 꿈을
기록하는 것이 아니라 실현하는 거야

꿈을 기록하는 것이
나의 목표였던 적은 없다.
꿈을 실현하는 것이 나의 목표이다.

만 레이

만 레이 (Man Ray, 1890 - 1976)는 미국 태생의 초현실주의 예술가이자
사진작가로, 다다이즘과 초현실주의 운동의 선구자 중 한 명입니다.

꿈은 머릿속에 갇혀 있으면 희미한 속삭임에 불과해,

하지만 행동으로 옮길 때, 비로소 너의 길은 화려할 거야.

종이 위의 기록이 아니라, 삶 속의 도전이 진짜 꿈이야.

멈추지 말고 실현해 봐, 너의 꿈은 날개를 기다리고 있으니.

2.
너의 목표가 끝이 아니라,
그 너머에 더 큰 꿈이 있어.

목표에 도달하는 가장 확실한 방법은
그 목표가 아니라 그 너머의 더 야심찬
목표를 향해 나아가는 것이라는 점은
역설적이지만 참되고 중요한 인생의 원칙이다.

아놀드 조지프 토인비

아놀드 조지프 토인비 (1889~1975)는 영국의 역사가이자 철학자로, 대표작인
『역사의 연구』는 문명의 흥망성쇠를 분석하며 역사학과 문화사에 큰 영향을
미쳤습니다.

지금 너의 목표가 끝이 아니라, 그 너머에 더 큰 꿈이 있어.

조금씩 쌓아온 성취를 바탕으로, 더 큰 도전을 향해 걸어가 봐.

그 여정 속에서 너는 점점 더 강해지고,

결국에는 너만의 빛나는 길을 발견할 거야.

확실한 사람은 아무리 거친 길이라도

앞으로 나갈 수 있다.

그러나 목표가 없는 사람은

아무리 좋은 길이라도 앞으로 나갈 수 없다.

★

토마스 칼라일

토마스 칼라일 (Thomas Carlyle, 1795 - 1881)은 영국의 역사학자, 철학자, 작가로, 주로 사회적, 역사적 문제에 대해 깊이 있는 사색을 했습니다.

어떤 길이든 목표가 있으면 두렵지 않아,

비록 험난해도 그 길을 걷는 이유가 있으니까.

목표가 없다면, 길이 아무리 아름다워도

너는 그저 서성일 뿐, 나아갈 방향을 잃어버리게 될 거야.

4 도전

두려움 너머에 있는
가능성

어떤 일이 시작될 때마다 그 길이 얼마나 험난할지,

너는 가슴 한구석에서 불안함을 느낄 거야.

하지만 바로 그 불안함이 너를 더욱 강하게 만들고,

너의 가능성을 깨워주는 소중한 신호라는 걸 알았으면 해.

도전은 언제나 처음에 두려움으로 다가오지만,

그 두려움 속에서 숨겨진 진정한 힘을 발견하게 되는 거야.

"네가 두려워하는 것을 직면하라.

그리하면 두려움은 사라지고, 네가 원하는 것을 얻게 될 것이다."

★

로버트 F. 케네디

이 말처럼, 도전 앞에서 두려움을 느끼는 건
자연스러운 일이야. 하지만 그 두려움을 이겨낼 때,
너는 점점 더 큰 자신감을 얻을 거야.
그 과정에서 너는 스스로가 상상할 수 없는
힘을 가지고 있다는 걸 경험하게 될 거야.
도전은 그저 목표를 향해 나아가는 길뿐만 아니라,
너를 더욱 풍요롭고 깊은 사람으로 만들어가는 과정이야.

"어두운 밤을 지나면 반드시 새벽이 온다."

★

톨스토이

비록 지금은 그 길이, 앞이 보이지 않고 캄캄하게
느껴질지라도, 한 걸음씩 나아갈 때마다
네가 상상한 것 이상의 빛을 맞이하게 될 거야.
그 빛은 너의 마음속 깊은 곳에서부터 나오며,
어두운 길을 밝히는 등불이 되어 줄 거야.

그러니 도전을 두려워하지 마.

그것은 너를 한 단계 더 성장하게 만들고,

결국엔 너만의 빛나는 길을 찾게 할 열쇠가 될 거야.

그 길 위에서 너는 더 이상 주저하지 않고,

당당히 나아갈 수 있을 거야.

그리고 그 모든 순간이 지나면,

새로운 너를 발견하게 될 거야.

그 과정에서 네 안의 숨겨진 가능성을 발견하고,

결국 너는 더 강한 자신을 만나게 될 거야.

도전은 두려움을 넘어선 성장의 시작이야
그 과정에서 네 안의 숨겨진 가능성을 발견하고,
결국 너는 더 강한 자신을 만나게 될거야.

Day

1.

편안할 때는 드러나지 않지만,

어려움 속에 진짜 네 모습이 보일거야.

사람을 판단하는 최고의 척도는

안락하고 편안한 시기에 보여주는 모습이 아닌,

도전하며 논란에 휩싸인 때 보여주는 모습이다.

마틴 루터 킹 주니어

마틴 루터 킹 주니어 (Martin Luther King Jr. 1929 - 1968)는 미국의 민권
운동가이자 목사로, 비폭력 저항을 통해 인종 차별과 불평등에 맞서 싸웠습니다.
1964년 노벨 평화상을 수상했습니다.

편안할 때는 네가 어떤 사람인지 잘 보이지 않지만,

힘든 상황에 놓였을 때, 그때 네 진짜 모습이 드러나.

어려운 선택 앞에서 망설일 수도 있지만,

그 순간에 네가 어떻게 행동하느냐가

진정한 너를 만드는 거야.

2.
너의 도전은 인생을
흥미진진한 모험의 길로 안내할 거야.

도전은 인생을 흥미롭게 만들며,
도전의 극복이 인생을 의미 있게 한다.

조슈아 J. 마린

조슈아 J. 마린 (Joshua J. Marine)은 미국의 동기 부여 연설가이자 작가로, 긍정적
변화와 성장을 위한 열정과 사고방식을 강조하며 강연과 저술로 많은 이들에게
영감을 주었습니다.

도전은 삶을 흥미롭게 만들어주는 작은 모험이지.

넘어질 땐 아프지만, 그만큼 더 강해지는 거야.

힘들게 피어난 꽃이 가장 아름다운 것처럼 말이야.

그러니 걱정 말고, 네 꿈을 향해 한 걸음 더 내디뎌 봐.

3.
도전하지 않으면 후회할 거야,
지금 바로 꿈을 향해 나가야 해.

20년 후 당신은, 했던 일보다

하지 않았던 일로 인해 더 실망할 것이다.

그러므로 돛 줄을 던져라.

안전한 항구를 떠나 항해하라.

당신의 돛에 무역풍을 가득 담아라.

탐험하라. 꿈꾸라. 발견하라.

★

마크 트웨인

마크 트웨인 (Mark Twain, 1835 - 1910)은 미국의 소설가이자 유머리스트로,
『허클베리 핀의 모험』과 『톰 소여의 모험』을 통해 유머와 풍자로 인간 본성과
사회를 비판하며 사랑받았습니다.

머뭇거림 속에 머물다 보면, 놓친 바다가 아프게 다가올 거야.

돛을 올리고 떠나봐, 낯선 바람이 너를 부르잖아.

꿈꾸고 나아갈 때, 세상은 너에게 길을 내어줄 거야.

두려움 대신 설렘을 품고, 너만의 지도를 그려봐.

열정은 너를 단단하게 만들고,
두려움 없이 걸어갈 용기를 줄 거야.

마음을 위대한 일로 이끄는 것은

오직 열정, 위대한 열정뿐이다.

드니 디드로

드니 디드로 (Denis Diderot, 1713 - 1784)는 프랑스의 철학자이자 작가로,
계몽주의 운동의 중요한 인물입니다.

너의 마음을 위대한 곳으로 이끄는 건,

세상의 시선이나 외부의 조건이 아니라, 오직 열정이야.

어떤 어려움과 고난이 닥쳐도 그 열정이 너를 버티게 하고,

너는 결국 그 열정이 이끈 길에서 큰 꿈을 이루게 될 거야.

5. 희망,

밝은 내일을 위한
마음의 젊음

어떤 날은 하늘이 너무 구름으로 가려져서,

그 끝이 보이지 않을 것처럼 보일 때가 있어.

마치 세상이 전부 어둠 속에 잠겨버린 듯 느껴지기도 할 거야.

그럴 때면 마음에선 흔들리는 불안함을 느끼게 되며,

"내가 이걸 어떻게 이겨낼 수 있을까?"라는

생각이 머리를 떠나지 않겠지.

그럴 때마다 네 마음속 깊은 곳에서

'이건 끝이 아닐 거야'라는

작은 울림이 들릴 거야. 그게 바로 희망이야.

"어두운 밤을 지나야 밝은 아침이 온다."

★

톨스토이

어떤 날에는 네가 원하는 길이 멀고,

그 길이 정말 힘들어 보일 수도 있어.

한없이 가파른 언덕처럼 느껴지고,

그 끝이 보이지 않아 막막할지도 몰라.

하지만 그 길 끝에서 기다리고 있는 건,

바로 너 자신이 만든 새로운 내일이야.

"희망은 모든 일의 시작이다."

★

조지아 오키프

이 말처럼, 희망이 없다면 어떤 것도 시작할 수 없겠지만,

희망을 품으면 그 어떤 어려움도 지나갈 수 있어.

힘든 순간에 희망을 품는다는 건,

그 어려움 속에서도 빛을 찾겠다는 의지를 다지는 거야.

그것이 바로 네가 성장하는 순간이기도 해.

그 길을 걸어가면서 너는 점점 더 밝은 자신을 발견할 거야.

지금은 보이지 않던 그 빛도 언젠가는

네 앞에 환히 펼쳐질 거야.

그러니까 두려워하지 마.

희망을 잃지 않고 한 걸음씩 나아가다 보면,

언젠가 너는 그 길 끝에서 빛나는 세상을 맞이하게 될 거야.

지금, 바로 그 희망을 믿어.

오늘, 그 작은 씨앗을 네 마음속에 심어 봐.

그 씨앗은 시간이 흐르면서 네 삶을 가장 빛나게 만들어줄 거야.

네가 희망을 품고 있는 한, 어떤 길도 두렵지 않을 거야.

1.
어두운 밤이 끝나면 새벽이 찾아오듯,
네 앞에도 희망의 빛이 올 거야.

희망은 어둠 속에서 시작된다.

일어나 옳은 일을 하려 할 때,

고집스러운 희망이 시작 된다.

새벽은 올 것이다. 기다리고 보고 일하라.

포기하지 말라.

앤 라모트

앤 라모트 (Anne Lamott, 1954 -)는 미국 작가이자 에세이스트로, 삶의 복잡함
속에서 희망과 치유를 찾는 이야기를 깊은 감성과 유머로 풀어냅니다.

희망은 어둠 속에서 피어나는 작은 빛과 같아.

옳은 길을 선택하고 한 걸음 내디딜 때, 그 빛은 점점 환해질 거야.

새벽은 반드시 찾아오고, 세상은 다시 밝아질 테니까.

그러니 너를 믿고 꿈꾸고, 포기하지 않고 나아가길 바라.

2.

조금만 더 참고 견디면,

희망의 빛을 맞이할 날이 올 거야.

정녕 마지막인 것만 같은 순간에

새로운 희망이 움튼다.

삶이란 그런 것이다. 태양이 어김없이 솟듯,

참고 견디면 보상은 반드시 있다.

★

앤드류 매튜스

앤드류 매튜스 (Andrew Matthews)는 호주 출신 작가이자 강연가로,《행복의 비결》등 자기계발서에서 유머와 실용적인 조언으로 긍정적인 삶의 메시지를 전했습니다.

어둠 속에서 끝이 다가오는 듯 느껴져도,
그 순간이 오히려 새로운 희망의 시작일 수 있어.
태양이 매일 떠오르듯, 조금만 더 참고 견디면,
결국 희망이라는 빛을 맞이할 날이 올 거야.

3.
희망은 네가 힘든 순간에도 언제나
함께하는 진실한 친구 같은 존재야.

희망이 간혹 거짓말하는 것을 목격할 것이다.

그렇다고 희망을 허풍쟁이라고 매도하지 말라.

그것은 사시사철 우리를

즐거운 오솔길로 안내하며,

평생 동행하는 진실한 동반자이기 때문이다.

★

프랑수아 드 라 로슈푸코

프랑수아 드 라 로슈푸코 (Fran ois de La Rochefoucauld, 1613 - 1680)는 프랑스의
귀족이자 철학자, 작가로, 인간 본성을 날카롭게 통찰한 에세이로 유명한 합니다.

때때로 희망이 거짓말처럼 느껴질 수 있어.

그럴 때 희망을 그냥 믿지 못한다고 부정하면 안 돼.

희망은 네가 힘든 순간에도 언제나

네 곁에서 함께하는 진실한 친구 같은 존재야.

2장

자기 확신과 성장의 길에서

너 자신을 믿어라.
그러면 그 현의 떨림이 많은 사람들의 심금을 울릴 것이다.
신의 섭리로 맡겨진 너의 지위와 동시대 사람들로 이루어진 사회,
그리고 거기서 일어난 여러 사건과 관계를 받아들여라.
위인들은 항상 그렇게 했다. 그리고 어린아이처럼
그 시대의 정신에 자기 자신을 맡겨라.

★

랄프 왈도 에머슨

1. 자존감,

너 자신을
온전히 존중하는 믿음

가끔은 거울 속 네 모습이 낯설게 느껴질 때도 있어.

왜 나만 이렇게 부족한 걸까, 왜 나는 더 나아지지 못할까.

그 질문들이 네 마음을 무겁게 할 때도 있겠지.

하지만 눈을 감고 마음속 깊이 들어가 봐.

너는 이미 세상에 단 하나뿐인 빛나는 존재야.

네가 가진 고유함은 누구도 흉내 낼 수 없는 보물이니까.

"당신 자신이 되십시오. 다른 사람은 이미 다 있으니까요."

★

오스카 와일드

세상은 자주 비교라는 이름으로 너를 흔들고,

네가 가진 아름다움을 보지 못하게 할 거야.

그러나 기억해, 꽃은 저마다의 시간에 피어나고,

그 향기는 누구와도 비교할 수 없는 특별함을 지니고 있어.

네 마음속에서 피어날 자신감은 그런 꽃과 같아.

천천히, 그러나 분명히 피어나며 너만의 빛을 만들어갈 거야.

"우리 자신을 사랑하는 순간, 우리는 세상이 변하기 시작한다."

★

루이즈 헤이

스스로를 사랑하는 연습을 시작해 봐.

너는 절대 부족하지 않아.

네 안에는 이미 세상을 밝혀줄 빛이 숨어 있어.

네가 틀렸다고 느꼈던 순간들,

실패라고 여겼던 시간조차도

사실은 너를 더 강하게 만든 흔적들이야.

그 흔적들은 너만의 이야기가 되고,

언젠가 가장 빛나는 순간을 만들어 줄 거야.

너는 이미 충분히 아름답고, 그 자체로 가치 있는 존재야.

네 안에 있는 불씨는 세상을 따뜻하게 밝힐 힘을 가지고 있어.

그 빛이 더 환하게 퍼질 수 있도록,

오늘도 네 마음을 지켜주자.

너라는 존재는 이미 누군가의

희망이자 위로가 되고 있음을 믿었으면 좋겠어.

너는 이미 세상에 단 하나뿐인 빛나는 존재야.

스스로를 사랑하는 그 순간, 너의 마음속 꽃이 피어나기 시작해.

틀렸다고 느낀 시간마저도 너를 더 단단하게 만든 흔적이니까.

기억해, 네 안의 빛은 세상을 밝힐 만큼 충분히 아름다워.

1.
너의 가능성은 생각보다
훨씬 크고, 빛난다는 걸 잊지 마!

자신과 자신의 모든 것을 믿으십시오.

당신 안에는 어떤 장애물보다

더 큰 무언가가 있다는 것을 아십시오.

★

크리스티안 D. 라슨

크리스티안 D. 라슨 (Christian D. Larson, 1874 - 1954)은 미국의 작가이자 동기
부여 강연가로, 그의 저서인 《긍정의 힘》은 많은 사람들에게 긍정적 마인드와 자기
발전의 중요성을 전파했습니다.

네 안에는 어떤 어려움도 넘을 수 있는 강인한 힘이 숨어 있어.

두려움은 그저 너의 빛을 가리는 그림자일 뿐이야.

너 자신을 믿는다면 세상도 너를 믿을 거야.

너의 가능성은 생각보다 훨씬 크고, 빛난다는 걸 잊지 마!

2.
자존감은 타인의 시선이 아니라,
스스로를 어떻게 바라보느냐에 달려 있어.

우리의 자존감은

다른 사람의 생각이 아닌,

우리가 스스로를 어떻게

생각하고 있는지에 달려 있습니다.

글로리아 게이너

글로리아 게이너 (Gloria Gaynor)는 1970년대 디스코 시대의 상징적인 가수이자
작곡가로, 1978년 발표한 히트곡 "I Will Survive"로 세계적인 인기를 얻었습니다.

남의 눈빛에 흔들리지 말고,
네 마음의 거울을 바라보길 바라.
너를 빛나게 하는 건 타인의 말이 아닌,
스스로를 품는 너의 따스한 시선이야.

3.
너는 이미 특별한 존재야,
그 누구와도 같지 않다는 걸 기억해.

우리는 다르게 만들어졌습니다.

이 사실을 받아들이면 다른 사람과 비교하거나

경쟁하는 일도 없을 것입니다.

다른 사람처럼 되려고 애쓰다 보면

영혼이 움츠러듭니다.

우리는 자신을 표현하기 위해서 이 땅에 왔습니다.

루이스 헤이

루이스 헤이 (Louise Hay, 1926 - 2017)는 자기 사랑과 긍정적 사고를 강조한
미국 작가로, 《You Can Heal Your Life》로 내면 치유의 메시지를 전하며 큰 영향을
끼쳤습니다.

너는 이미 특별한 존재야,

그 누구와도 같지 않다는 걸 기억해.

다른 사람과 비교하려 하지 마,

그건 네 영혼을 움츠러들게 할 뿐이야.

너는 너만의 빛을 지니고 태어났고,

그 빛을 세상에 드러낼 시간만 기다리고 있어.

2. 자신감,

자신이 부족하지 않음을
증명하려는 용기

어떤 날엔 세상이 너무 버겁게 느껴질 수도 있어.

세상의 혼잡함에 네 목소리가 작고 사라질 것처럼

느껴질 때도 있을 거야. 하지만 그때마다 잊지 마.

네 안에 숨어 있는 작은 빛이

어두운 곳에서도 꺼지지 않고,

결국엔 밝은 길을 만들어낼 거라는 걸.

너의 안에는 끝없는 가능성의 세계가 담겨 있어.

그 세계는 언제든지 네가 믿고 나아갈 준비가 되어 있음을.

"자신감을 가진 사람은 누구나 빛날 수 있다."

★

엘리노어 루즈벨트

세상이 널 의심할 때, 너는 자신을 믿어야 해.

누구보다 네가 더 잘 알고 있잖아,

너의 내면에 있는 강력한 힘을.

조금 불안하고 떨리는 순간이 있겠지만,

그 떨림조차 너를 더욱 단단하게 만들어줄 거야.

네가 그토록 갈망하는 꿈을 향해 나아갈 때마다

그 길은 너만의 흔적으로 가득할 거야.

"나는 내가 누구인지, 무엇을 할 수 있는지 믿는다."

★

루이스 헤이

그 길 위에서 너는 작고 연약한 씨앗이 아니라,

거친 땅을 뚫고 자라나는 단단한 나무가 될 거야.

너의 안에는 상상할 수 없는 에너지가 숨어 있어.

그걸 발견하는 순간, 세상은

더 이상 너를 흔들 수 없을 거야.

다른 이들의 시선에 맞추지 않고,
오직 네가 설계한 길을 따라 당당하게 걸어가며,
자신감을 내뿜는 너를 상상해 봐.
너는 이미 충분히 독특하고 강한 존재야.
그 강렬한 힘을 세상에 펼쳐 보이며,
더 높은 곳을 향해 나아가길 바라.

네 안에는 세상을 밝혀줄 빛이 숨어 있어.

어떤 어려움도 너를 무너뜨리지 못해,

너는 그 불꽃을 믿고 나아갈 수 있어.

자신감을 갖고, 너만의 길을 걸어가,

세상은 너를 응원하고 있어.

자신감을 갖는다는 건,
가고 있는 길이 틀리지 않았다고 믿는 거야.

자신감을 갖는 것은,

자신이 올바른 길에 있다고 믿고,

그 길을 따라가겠다는 결정을 내리는 것이다.

★

아르투어 슈니츨러

아르투어 슈니츨러 (Arthur Schnitzler, 1862 - 1931)는 오스트리아의 극작가이자 소설가로, 주로 인간 심리와 성적 갈등을 다룬 작품으로 유명합니다.

자신감을 갖는다는 건,

네가 가고 있는 길이 틀리지 않았다고 믿는 거야.

어쩌면 불안하고 두려운 순간이 올지 몰라도,

그 길을 믿고 나아가기로 마음먹는 순간,

그 모든 어려움이 널 더 강하게 만들 거야.

2.
너의 이야기가
세상을 바꾸는 힘이 된다는 걸 잊지 마.

당신의 목소리를 높이세요.

당신의 이야기를 공유하세요.

자신감을 갖고 세상에 당신의 존재를 알리세요.

말랄라 유사프자이

말랄라 유사프자이 (Malala Yousafzai)는 파키스탄 출신의 교육 운동가이자 여성 교육 권리 옹호자인 그녀는, 2014년 17세의 나이에 노벨 평화상을 수상하며 최연소 노벨 수상자가 되었습니다.

세상은 너의 이야기를 기다리고 있어.

두려움을 떨쳐내고, 자신감을 가지고 너만의 목소리를 내봐.

그 목소리가 세상에 퍼져 나가며, 너의 존재는 더 빛을 발할 거야.

너의 이야기가 세상을 바꾸는 힘이 된다는 걸 잊지 마.

3.
꿈이 현실이 되는 순간을 기다려
네가 믿는 대로 세상은 달라질 거야

할 수 있고 할 수 있다고 생각하십시오.

당신의 생각은 당신의 삶입니다.

라알라 기프티 아키타

라알라 기프티 아키타 (Lailah Gifty Akita)는 나이지리아 출신의 작가로, 그녀는
《The Power of Positive Thinking》 등을 통해 긍정적인 사고와 삶의 목적을 찾는
중요성을 강조했습니다.

네가 믿는 대로 세상은 달라질 거야.

"할 수 있다"고 믿는 순간, 그 믿음이 너를 이끌 거야.

내면의 가능성을 믿고, 세상이 그려 놓은 길을 따라가 봐.

오늘도 자신을 믿으며, 꿈이 현실이 되는 순간을 기다려.

3.열등감

때로는 네가 원하는 모습에 다가가기 위해
너무 많은 걸 놓치고 있는 기분이 들 때가 있을 거야.
남들의 눈에 비친 너의 모습, 그 모습이 너무 작고,
부족해 보일 때, 그럴 때마다 열등감이
널 가둬 버리려 할 거야. 하지만 기억해,
네 안에 이미 빛나는 별들이 숨어 있다는 걸.

그 빛은 남들과 비교할 필요도, 인정받을 필요도 없어.
그냥 너로서 충분히 빛날 자격이 있어.

"세상에 나만큼 특별한 사람은 없다."

★

존 레논

넌 그 누구와도 비교할 수 없는 존재야.

모든 사람은 각자의 길을 가고 있고, 너만의 이야기가 있어.

남들이 다 가는 길이 아니라, 네가 가는 길을 가는 것,

그것이 진정한 너의 모습이야. 비록 그 길이

낯설고 힘들지라도, 그것은 결국 너만의 색깔을 만들 거야.

너의 열등감은 그저 네가 아닌 다른 사람들의 목소리일 뿐이야.

그 목소리가 네 안에서 울려 퍼질 때마다,

다시 한번 상기해 봐.

"나는 나의 길을 가고 있다"는 사실을…

"너의 존재는 이미 충분히 아름답다."

★

루이스 헤이

비록 지금은 마음이 흔들리고, 자신감이 부족할 수 있지만,

그럴수록 네가 가진 고유의 빛을 더 믿어야 해.

열등감은 너를 짓누르려 하지만,

그것은 일시적인 그림자일 뿐.

그 그림자 너머에서 너는 여전히 빛나고 있어.

세상의 시선이 아닌, 네 마음속의 빛을 따르다 보면,

어느새 네가 생각한 것보다 훨씬 더

강한 사람이 되어 있을 거야.

너는 이미 그 자체로 가치 있고,

특별한 존재라는 것을 잊지 마.

너의 마음엔 아직 펼쳐지지 않은 이야기가 숨 쉬고 있어.

열등감은 그 이야기를 시작하게 만드는 한 줄의 서문일 뿐이야.

남의 책장이 아닌 너만의 페이지를 써 내려가 봐.

그 끝에는 누구도 흉내 낼 수 없는 너만의 이야기가 있을 거야.

Day

1.
콤플렉스는 결핍이 아니라,
너를 완성할 숨은 퍼즐 조각이야.

사람은 자신의 콤플렉스를 없애려고 애쓰지 말고

그것들과 조화를 이루도록 노력해야 한다.

그럼으로써 그것은 정당한 방법으로

너의 행위를 세계로 이끌어주게 된다.

지그문트 프로이트

지그문트 프로이트 (Sigmund Freud, 1856-1939)는 오스트리아 신경학자이자
정신분석학 창시자로, 무의식과 꿈, 성격 발달 이론으로 인간 심리에 큰 영향을
미쳤습니다.

너의 콤플렉스는 버려야 할 결핍이 아니라,

너를 완성시키는 숨겨진 퍼즐 조각이야.

그 조각을 거부하지 말고, 너의 삶에 맞춰 끼워 넣어봐.

그러면 세상은 너만의 빛나는 그림으로 채워질 거야.

Day

2.
열등감은 잠시 흔들리는
바람일 뿐, 너의 중심을 흔들지 못해.

당신의 삶의 과정 중 하나는

그 열등감을 끊임없이 무너뜨리고

내가 누군가라는 것을 끊임없이 재확인하는 것이다.

앨빈 에일리

앨빈 에일리 (Alvin Ailey, 1931-1989)는 미국의 유명한 무용가이자 안무가로, 현대 무용의 발전에 큰 영향을 미친 인물입니다.

너의 삶은 바람 속에서 뿌리를 내리는 나무 같아.

열등감은 잠시 흔들리는 바람일 뿐, 너의 중심을 흔들지 못해.

"나는 누구인가?" 그 물음 속에서

너는 점점 더 깊고, 더 넓게 자신을 발견할 거야.

3.
열등감은 부족함이 아니라,
성장의 발판이 되는 힘이야

당신이 뒤떨어지기 때문에 열등감이 있는 게 아니다
아무리 우수한 사람이라도 열등감이 있다.
목표가 있는 한 열등감은 늘 존재한다.

알프레드 아들러

알프레드 아들러 (Alfred Adler, 1870-1937)는 오스트리아의 심리학자로, 그는
'열등감'과 '우월성 추구' 개념을 통해 성격이 내면의 결핍감을 극복하는 과정에서
형성된다고 주장했습니다.

너는 열등감을 느낄 때,

그것이 부족함 때문이라고 생각할지도 몰라.

하지만 열등감은 너의 목표를 향해 나아가는 과정에서

누구나 겪는 도전의 일부분이야. 그 불안과 갈등이

너를 더 강하고 단단하게 만들어줄 거라는 걸 잊지 마.

4. 의지
목적을 실현하기 위한
노력과 결단의 힘

때로는 모든 것이 무너져 내리는 것처럼 느껴지고,

세상은 너무 넓고, 자신의 힘이 너무 미약해 보일 때가 있어.

하지만 그 미약한 작은 힘 하나가

모든 것을 바꿀 수 있다는 걸 잊지 마.

네 안에 쉽게 포기하지 않겠다는 마음이 있다면,

그 의지의 불꽃은 절대 꺼지지 않을 거야.

어둠 속에서 길을 찾듯,

그 의지의 불꽃이 네 앞을 환히 비출 거야.

"끝까지 버티면, 결국 빛을 보게 된다."

★

넬슨 만델라

힘들고 지칠 때마다,

그 순간이 가장 중요한 순간임을 알아야 해.

세상이 너를 시험할 때,

그 시련을 어떻게 넘느냐가 진정한 힘을 보여줘.

때로는 불확실한 미래가 너를 두렵게 만들지만,

그 두려움 속에서 너의 의지가 더욱 강해진다는 걸 믿어봐.

네가 계속해서 한 걸음 한 걸음 내디딜 때,

그 길 끝에는 새로운 세상이 펼쳐질 거야.

"의지는 우리의 힘이다."

★

프리드리히 니체

의지는 단순히 목표를 향해 달려가는 힘이 아니야.

마음속 깊은 곳에서, 아무리 작은 흔들림에도 흔들리지 않고,

그 자리를 지키는 용기이자, 앞으로 나아가는 힘이야.

어떤 순간에도 너는 그 의지를 포기하지 않으면,

어떤 어려움도 이겨낼 수 있어.

지금, 이 순간의 선택이 너의 내일을 만든다고 믿고,

네 안의 의지를 계속해서 피워 나가야 해.

세상은 네가 얼마나 강한지를 모르지만,
너 자신은 알고 있다는 것이 가장 중요해.
그리고 그 의지의 불꽃은 언제나 널 밝히고,
결국 너의 꿈을 이룰 수 있을 거야.

작은 의지가 모여 큰 변화를 만들고,
실패도 너를 더 강하게 만드는 밑거름이 돼.
꾸준히 나아가다 보면, 너의 꿈은 결국 현실이 될 거야.

Day

1.
어떤 어려움도 의지라는 열쇠로,
세상에 나아갈 수 있다는 걸 기억해.

의지란 어떤 고난이든
극복할 수 있는 힘을 내면서
현실을 바꿀 수 있는 열쇠다.

로이 T. 베넷

로이 T. 베넷 (Roy T. Bennett)은 유명한 미국의 작가로, 그의 책과 글은 긍정적인
사고, 목표 설정, 자기 개발, 그리고 일상적인 삶에서의 동기 부여에 중점을 두고
있습니다.

어떤 고난도, 어떤 어려움도, 의지가 있다면
너는 그것을 넘어서 더 높은 곳으로 나아갈 수 있어.
그러니까 기억해, 네가 손에 쥔 열쇠는
바로 네 의지라는 걸. 그 열쇠로 어떤 문도 열 수 있고,
그 문을 통해 새로운 세상으로 나아갈 수 있을 거야.

2.
어떤 어려움도 의지라는 열쇠로,
세상에 나아갈 수 있다는 걸 기억해.

의지는 어떤 환경에서든지
성취의 첫걸음이다.

토니 로빈스

토니 로빈스 (Tony Robbins)는 미국의 유명한 자기계발 작가, 강연자로, 인간의
잠재력을 극대화하는 데 중점을 둔 다양한 세미나와 강의를 통해 세계적인 인기를
얻었습니다.

환경이 아무리 힘들어도 괜찮아.
의지를 가지고 한 걸음씩 내디디면,
결국 원하는 곳에 닿을 수 있을 거야.
네 안에 있는 의지는 언제나 너를
앞으로 나아가게 하는 힘이 될 테니까.

어떤 어려움도 의지라는 열쇠로,
세상에 나아갈 수 있다는 걸 기억해.

속내의 강인한 의지는

우리에게 끊임없는 동기와 힘을 준다.

★

달라이 라마

달라이 라마 (Dalai Lama)는 티베트 불교의 정신적 지도자이자 평화 운동가로,
1959년 중국 침공 후 인도로 망명하여 티베트 자유를 위해 활동했습니다.

그러니까 기억해.

어떤 고난도, 어떤 어려움도 너를 막을 수 없다는 걸.

네 속에 있는 의지의 힘이 결국 널 더 높은 곳으로,

더 밝은 곳으로 이끌어 줄 거라는 사실을.

5. 자기표현

생각과 감정을
정직하게 드러내는 용기

세상이 너에게 무엇이라 말하든,
너는 너의 자존감을 잃지 말아야 해.
다른 사람들의 기준에 맞추려고 하지 말고,
너만의 길을 꾸준히 걸어가야 해.

그 길을 걸을 때마다, 너의 마음속 깊은 곳에서
들리는 울림의 소리를 들어야 해.
그 울림의 소리가 바로 너의 진정한 길을 안내할 거야.
그리고 그 울림의 소리가 세상에서 가장 진실한
너의 모습과 삶의 방향을 만들어 줄 거야.

"세상에 하나뿐인 너의 목소리를 잃지 마라."

★

오스카 와일드

때로는 다른 사람들의 기대에 갇혀,

네가 진짜 원하는 것들을 숨기고 싶을 때도 있을 거야.

그럴 때마다 잠시 멈추고, 깊은숨을 쉬어 봐.

너의 진정한 모습은 다른 누군가의 그림자가 아니라,

오직 너 자신 안에 있다는 걸 기억해.

너는 이미 충분히 빛나고 있고,

그 빛은 너만의 길을 비출 거야.

두려워하지 말고, 너의 목소리를 세상에 전하길 바라.

"자기 자신을 표현하는 것이야말로 진정한 자유다."

★

마르셀 프루스트

네가 생각하는 대로, 느끼는 대로,

자신을 표현하는 것은 결코 죄가 아니야.

때로는 그것이 두려운 일이겠지만,

그 용기 하나가 너를 진정으로 자유롭게 할 거야.

세상이 널 이해하지 못한다고 해도,

너는 그럴 자격이 있어.

자기표현은 그 자체로 아름다우니까.

더 이상 숨기지 말고, 네 안의 이야기를 세상에 전해봐.

너의 목소리가 세상에 울려 퍼질 때,

비로소 너 자신은 온전한 모습으로 살아가게 될 거야.

108

자기표현은 네가 누구인지를 세상에 보여주는 힘이야.

두려움 속에서도 진심을 담아 네 내면을 드러내는 용기가 필요해.

그 용기를 내면, 너는 진짜 자신을 만날 거고,

세상도 그 용기만큼 너와 함께 변할 거야.

네 생각과 감정을 표현하는 순간,
너는 더 빛나는 존재가 될 거야.

자기표현은

인간의 가장 기본적인 욕구 중 하나이며,

그것이 충족될 때 사람은

비로소 진정으로 자신을 느낀다.

에리히 프롬

에리히 프롬 (Erich Fromm, 1900-1980)은 독일 출신의 사회 심리학자이자
정신분석학자로, 인간 본성, 자유, 사랑에 관한 연구로 유명하며, 주요 저서로는
《사랑의 기술》과 《자유로부터의 도피》가 있습니다.

자기표현은 네 안에 숨겨진 빛을 세상에 비추는 일이야.

그 빛이 스스로를 비출 때, 비로소 진정한 너를 느낄 수 있어.

네 생각과 감정을 담은 말과 행동이 너를 자유롭게 하고,

그 자유 속에서 너는 더욱 빛나는 존재가 될 거야.

2.
네 진심을 담아 표현하면,
세상은 너의 아름다운 모습을 발견할 거야.

자기표현은 내가 나 자신을

세상에 보여줄 수 있는 유일한 방법이다

★

랄프 왈도 에머슨

랄프 왈도 에머슨 (Ralph Waldo Emerson, 1803-1882)은 미국의 사상가이자
초월주의 선구자인 그는 개인의 직관과 자립을 강조하며, 자연과 인간의 조화를
탐구한 작품으로 유명합니다.

자기표현은 내가 나 자신을 세상에 전하는
유일한 길이야. 누구도 아닌, 오직 나만의 목소리로
세상과 소통하는 것이 중요해.
그렇게 나의 진짜 모습을 드러내는 것이
가장 큰 용기란 걸 잊지 마.

그 누구도 대신할 수 없는,
너만의 이야기를 세상에 들려줘

당신의 존재를 세상에 드러내는 것은,

다른 누구도 아닌 오직 당신만 할 수 있다.

조지 엘리엇

조지 엘리엇 (George Eliot, 1819-1880)은 영국 소설가이자 저널리스트로, 사회적 편견을 극복하며 인간 본성과 사회 문제를 깊이 통찰한 작품을 남겼습니다.

세상에 네 존재를 알리는 것은 오직 너만의 권리야.

그 누구도 대신할 수 없는, 너만의 이야기를 세상에 들려줘.

너의 진정한 빛은 너 자신을 온전히 표현할 때 피어난다.

그러니 자신을 숨기지 말고, 그 빛을 세상에 당당히 보여줘.

3장

너의 삶을 단단하게 움직이는 힘

산을 오를 때 뒤에서 누군가가 가볍게 밀어주듯
내가 내 등을 밀어주듯이 가볍게 나아갈 수 있도록
밀어주는 힘이 지식 자체가 아니라,
지식을 얻고자 하는 마음과 의욕 이런 마음이
앞으로 우릴 달려 나가게 하는 원동력이다.
이런 원동력은 밖이 아니라, 내 마음 안에 있다는 표현이다.

★

빅터 플랭클

1. 용기

두려움을 저항하고
정복하는 마음

때로는 앞이 보이지 않는 길을 걸어야 할 때가 있어.
불확실한 내일에 대한 두려움이 너를 가로막고,
한 걸음 내딛는 것조차 망설이게 만드는 순간들이
찾아올 거야. 하지만 기억해,
그 두려움 속에서도 용기를 가져야 한다는 걸.
네 안에 잠든 용기의 날개를 펼쳐봐.
그 날개는 반드시 너를 자유롭게 날게 할 거야.

"용기는 두려움을 느끼면서도 그 길을 가는 것이다."

★

존 웨인

네가 두려움을 느낄 때, 그 자체만으로도 용기야.
불안한 마음을 품고서도 한 걸음을 내딛는 것,

118

그것이 바로 진정한 용기야.

세상은 너를 끊임없이 시험할 거야.

너의 길을 가로막고, 좌절하게 만들지만,

그 모든 것들이 오히려 너를 더욱 강하게 만들 거야.

너의 진정한 힘은 두려움을 마주하고,

그 속에서 벗어나는 순간에 있다는 걸 명심해.

"용기는 반드시 우리 안에서 시작된다."

★

마하트마 간디

그 길이 아무리 험해도,

네 안에는 끝까지 포기하지 않는 용기가 있어야 해.

이 세상 어떤 바람도 그 용기를 꺾을 수 없다는 걸 잊지 마.

너의 마음속에는 이미 그 힘이 자라고 있어.

네가 믿지 않아도, 그 힘은 늘 네 곁에 있고,

너는 그 힘을 믿고, 조금씩 나아갈 수 있어.

그 작은 한 걸음이 언젠가

널 상상할 수 없는 곳으로 이끌 거야.

그리고 그 순간, 너는 자신이 얼마나
용감하게 나아갔는지를 깨닫게 될 거야.
그러니 포기하지 마. 용기의 날개를 펼치고,
네 앞에 펼쳐진 새로운 세상으로 날아가길 바라.
너는 할 수 있어.

두려움 속에서 한 발짝 내딛는 용기, 그걸로 세상은 변해.

실패가 아닌, 두려움 앞에서 멈추는 게 진짜 두려운 일이야.

너의 용기 있는 여정이 세상에 새로운 빛을 비출 거야.

진정한 용기란

눈앞에 어떤 불행이나 위험이 닥쳐도

조용히 자신을 추스르며 당황하지 않고

자신의 의무를 이행하는 것이다.

존 로크

존 로크 (John Locke, 1632 - 1704)는 영국 철학자이자 정치 사상가로, 근대 자유주의의 아버지로 불리며, 정부론에서 개인의 자유와 권리를 강조한 사회 계약 이론을 제시했습니다.

진정한 용기는 두려움 앞에서 당황하지 않고,
조용히 자신을 다스리며 한 걸음씩 나아가는 거야.
불확실한 길에서 네가 해야 할 일을 묵묵히 해낼 때,
그 속에서 진정한 용기가 빛을 발할 거야.

2.
용기란, 불확실함 속에서도
자신을 믿고 나아가는 힘이야

용기는

어떤 것도 두려워하지 않는 것이 아니라

두려움을 극복하는 것이다.

로버트 케네디

로버트 케네디 (Robert F. Kennedy, 1925 - 1968)는 미국 정치인 겸 사회운동가로
존 F. 케네디의 동생이며, 상원의원으로 인권, 빈곤 퇴치, 반인종차별 정책을
강력히 지지했습니다.

너에게 용기는

넘어지지 않는 완벽함이 아니라,

넘어진 자리에서 다시 일어서는 힘이야.

두려움을 몰랐다면 용기가 아니라

그 두려움 속에서도 웃으며

희망의 날개를 펼치는 네 모습이 진짜 용기야.

Day

3.
너는 이미 시작할 준비가 되어 있고,
네 꿈은 모든 걸 이겨낼 힘을 가지고 있어

꿈을 품고 뭔가 할 수 있다면 그것을 시작하라.

새로운 일을 시작하는 용기 속에 당신의

천재성과 능력과 기적이 모두 숨어 있다.

★

요한 볼프강 폰 괴테

요한 볼프강 폰 괴테 (Johann Wolfgang von Goethe, 1749 - 1832)는 독일의
작가, 시인, 철학자, 자연과학자로, 독일 문학의 가장 중요한 인물 중 하나로
평가받습니다.

너의 꿈을 품고 첫걸음을 떼면,

그 안에 숨겨진 능력과 기적이 빛을 발할 거야.

두려움 속에서도 용기 있게 나아가면,

세상은 너를 위해 길을 열어줄 거야.

작은 시작이 결국 넓은 미래로 향하는 문이 될 거라고 믿어.

2. 노력

가능성을 현실로 바꾸려는
끊임없는 실천

어떤 날은 너의 마음이 무겁게 느껴질 거야.

한 걸음 내딛는 것이 힘들고,

결과가 보이지 않아 절망이 밀려올 때도 있을 거야.

하지만 기억해, 오늘의 적은 노력이 내일의 열매를 만든다는 걸.

그 씨앗을 심는 일은 결코 쉽지 않지만,

너는 이미 그 씨앗을 뿌릴 수 있는 힘을 가진 사람이야.

"천천히 가도 괜찮다. 중요한 건 멈추지 않는 것이다."

★

콘푸시우스

너의 걸음이 느리다고 느껴질 때도,

멈추지 않으면 결국엔 도달할 수 있어.

조금씩, 한 걸음씩 나아가다 보면

너는 어느새 그곳에 서 있을 거야.

노력은 눈에 보이지 않는 변화를 만들어가고,

그 변화는 언젠가 너를 기대 이상의 것으로 이끌어갈 거야.

비록 그 길이 멀고 힘들어 보일지라도,

너는 이미 그 길을 걷고 있는 용감한 사람이라는 걸 잊지 마.

매일 조금씩 쌓여가는 그 작은 발걸음들이,

언젠가 큰 결과로 너를 이끌어 줄 거야.

"노력은 결코 배신하지 않는다."

★

에디슨

너의 노력은 절대로 헛되지 않아.

보이지 않는 곳에서 너의 힘이 자라고 있고,

그 작은 힘이 언젠가 큰 결과를 만들어낼 거야.

너는 지금 그 길을 걷고 있는 거야.

조금씩 더 강해지고, 더 단단해지는 너 자신을 믿어.

너의 노력이 쌓여가는 그 순간,

너의 꿈에 한 발짝 더 가까워지고 있다는 걸 알게 될 거야.

그러니 멈추지 마. 비록 지금은 결과가 보이지 않더라도,

그 씨앗을 계속해서 뿌려갔으면 해.

너의 노력은 반드시 결실을 볼 거야.

너의 노력은 눈에 보이지 않아도,

그 깊은 뿌리는 언젠가 빛을 발할 거야.

작은 걸음이 쌓여 세상을 바꿀 수 있는 힘이 되고,

그 힘은 어느 순간 너를 꿈꾸던 곳으로 이끌어 줄 거야.

힘든 날에도 포기하지 않는다면, 너의 길은 결국 빛날 거야.

1.
꾸준한 노력은 너의 능력을 키우고,
너를 더 단단하게 만드는 힘이 될 거야.

우리가 무언가를 꾸준히 한다면

그것을 하는 것이 쉬워질 것이다.

알아야 할 것은 그것을 하는 것 자체가

쉬워진 것이 아니고, 그것을 행하는

당신의 능력이 향상된 것이란 것이다.

★

랄프 왈도 에머슨

랄프 왈도 에머슨 (Ralph Waldo Emerson, 1803 - 1882)은 미국의 철학자이자
시인으로, 초월주의 운동의 중요한 인물입니다.

꾸준히 해온 일은 처음엔 어렵지만,

시간이 지나면 자연스러워져.

그건 일이 쉬워진 것이 아니라,

네가 그 일을 해낼 수 있는 능력이 향상됐기 때문이야.

그 길 위에서 너는 점점 더 강하고

빛나는 존재로 성장할 거야.

2.
부족해도 괜찮아, 꾸준한 노력은
너를 그 빛나는 곳으로 이끌어 줄 거야.

다리를 움직이지 않고는 좁은 도랑도 건널 수 없다.

소원과 목적은 있으되 노력이 따르지 않으면

아무리 환경이 좋아도 소용이 없다.

비록 재주가 뛰어나지 못하더라도

꾸준히 노력하는 사람은

반드시 성공을 거두게 된다.

알랭

알랭 (Alain, 1868 - 1951)은 프랑스의 철학자이자 에세이스트로, 주로 실용적이고 일상적인 문제를 철학적으로 탐구한 작품들로 유명합니다.

가고 싶은 곳이 있다면
첫걸음을 떼는 것이 중요해.
환경이 좋다고 해서 꿈이 다 이루어지는 건 아니야,
꾸준히 노력하는 마음이 결국 성공을 가져다줄 거야.

3.
부족해도 괜찮아, 꾸준한 노력은
너를 그 빛나는 곳으로 이끌어 줄 거야.

어떠한 일도 갑자기 이루어지지 않는다.

한 알의 과일, 한 송이의 꽃도 그렇게 되지 않는다.

나눔의 열매조차 금방 맺히지 않는데, 하물며

인생의 열매를 노력도 하지 않고

조급하게 기다리는 것은 잘못이다.

★

에픽테토스

에픽테토스 (Epictetus, 55 - 135년경)는 고대 로마의 스토아 철학자로, 노예에서
자유인이 된 그는 삶의 핵심은 외부가 아닌 내면적 태도와 선택에 있다고
강조했습니다.

너의 꿈도 한 송이 꽃처럼, 시간을 두고 서서히 피어날 거야.

나누는 마음의 열매조차 조급히 맺히지 않듯,

인생의 결실도 서두르지 않아도 돼.

차근차근 걸어가며 기다려봐,

결국 너에게 아름다운 열매가 찾아올 거야.

3. 인내,

시간을 벗 삼아
끝까지 포기하지 않는 힘

때로는 세상이 너무 빠르게 흘러가고,
내 자리가 멀고 고단하게만 느껴질 때가 있어.
그럴 땐 멈추지 말고, 조용히 한 걸음 내디뎌 봐.
작고 느린 발걸음이라도, 너만의 힘은 자라고 있어.
길이 보이지 않을 때조차도, 걷는 순간 길은
만들어지는 법이야. 그리고 그 길 끝에서
너는 스스로를 더 단단하게 만날 거야.

"인내는 때로 고통스럽지만, 그 끝에는 큰 보상이 있다."

★

벤자민 프랭클린

너는 매일 조금씩,
자신을 시험하고, 내면을 단단하게 만들어가고 있어.

그 길이 많이 힘들어 보여도,

그 고통이 결국 너를 더욱 강하고 단단하게 만들 거야.

하늘은 누구에게나 고난을 준다지만,

그 고난 속에서 진정한 너를 발견하게 될 거야.

너는 이미 그 길을 걸어가고 있어.

조금씩, 한 걸음씩,

너는 스스로를 변화시키고 있다는 걸 기억해.

"인내하는 사람에게는 불가능이란 없다."

★

루시몽

세상은 바쁘게 돌아가지만,

너는 네 속도로, 너의 방식대로 걸어가야 해.

시간이 지나면 너는 알게 될 거야.

그 시간이 결국 너에게 가장 큰 선물이 될 것임을.

그래서 네가 흔들릴 때마다 기억해.

그 모든 순간이 너를 더욱 강하고 빛나는

사람으로 만들어갈 거라는 걸.

조금만 더 참아봐.

너의 인내는 언젠가 그 가치를 증명할 거야.

그때까지, 한 걸음씩 앞으로 나아가며,

네가 걸어온 길이 가치가 있음을 믿게 될 거야.

비록 지금은 보이지 않더라도,

너의 작은 걸음들이 결국 큰 변화를 만들어낼 거야.

인내하며 나아가면, 너의 꿈은 언젠가 빛을 발할 거야.

기다림 속에서 너는 더 강해지고,

결국 그 길 끝에서 더 빛나는 너를 만날 거야.

1.
어떤 상황이든, 인내는
세상의 문을 여는 열쇠가 될 거야

인내는 모든 상황의 '마스터 키'입니다.

모든 것에 동정심을 갖고 모든 것에 굴복하되

동시에 인내하고 인내해야 합니다.

★

프란츠 카프카

프란츠 카프카 (Franz Kafka, 1883 - 1924)는 체코 출신의 유대인 작가로,
부조리와 소외를 주제로 한 작품으로 유명합니다. 대표작으로 『변신』, 『심판』 등이
있습니다.

어떤 상황이든, 인내는 너를 이끌어 줄 열쇠가 될 거야.

세상의 모든 것에 마음을 열고, 때론 어려움을 받아들이되,

그 속에서도 끝까지 견뎌내는 힘을 잃지 말아야 해.

2.
인내는 네 영혼을 강하게 하고,
마음에 평온을 안겨줄 거야

인내는 영혼을 강하게 하고, 기분을 좋게 해주고,

화를 참게 해주고, 질투를 없애고,

교만함을 억제하고, 말을 제어한다.

★

조지 혼

조지 혼 (George Horne, 1730 - 1792)은 영국의 성직자이자 신학자로, 그는
옥스퍼드 대학교에서 교육을 받았으며, 후에 영국 교회의 주교가 되었습니다.

인내는 너의 마음을 강하게 만들고,

기쁨을 더해 줄 거야. 화를 누그러뜨리고,

질투의 그림자를 지워줄 거야.

교만한 마음을 가라앉히고,

너의 말을 더욱 신중하게 만들어 줄 거야.

인내는 고통을 견디는 것이 아니라,

고통 속에서도 목표를 향해 나아가는 것이다.

★

빈센트 반 고흐

빈센트 반 고흐 (Vincent van Gogh, 1853 - 1890)는 네덜란드 출신의 후기 인상주의 화가로, '별이 빛나는 밤'과 '해바라기'가 그의 대표적인 작품입니다.

인내는 단순히 고통을 참는 것이 아니야.
그 고통 속에서도 네가 꿈꾸는 곳을 향해
한 걸음씩 나아가는 것이지. 어려움이 클수록,
그 길 끝에 더 큰 빛이 기다리고 있다는 걸 잊지 마.

4. 책임감

믿음과 신뢰를 짊어지는
마음의 무게

때로는 네 어깨가 너무 무겁게 느껴질 때가 있어.
다른 사람들의 기대와 네가 지켜야 할 것들이 얽혀서
마치 길을 걸을 때마다 발걸음이 무겁게 느껴지기도 해.
하지만 그 책임감은 너를 성장시키는 힘이 될 거야.

책임은 단순히 짐이 아니라,
너를 더 단단하고 지혜롭게 만드는 과정이니까.
어려운 순간일수록 그 책임을 온전히 받아들일 때,
비로소 너는 앞으로 나아갈 수 있는 힘을 얻게 될 거야.

"책임감은 우리가 가진 가장 큰 자유다."

★

프랭클린 D. 루스벨트

네가 선택한 길 위에서,

그 길이 힘들게만 보일 때도 있겠지만,

그 책임을 지는 순간,

너는 더욱 강하고 용감한 사람이 될 거야.

책임이란, 내가 내 삶을, 내 행동을 이끌어가는 힘이 되니까.

그 책임을 감당할 때, 비로소 너는 자신을 믿고,

어떤 어려움도 두려워하지 않는 진정한 용기를 얻게 될 거야.

그 과정에서 너는 나아갈 길을 분명히 볼 수 있으며,

그 길 위에서 더 나은 나를 만들어 갈 수 있을 거야.

"책임을 지는 것은 자유를 향한 첫걸음이다."

★

토마스 제퍼슨

지금 당장은 그 책임이 너무 커 보일지 몰라도,

조금씩 그것을 받아들이고,

너만의 방식으로 그것을 이루어가는 과정이

결국 너를 단단하게 만들 거야.

너의 힘은 결국 네가 지닌 책임에서 나오고,
그 책임을 통해 너는 더 큰 자유를 얻게 될 거니까.

그러니 오늘도 그 무게를 견디며,
한 걸음씩 너의 길을 걸어가야 해.

책임감은
네가 선택한 길을 끝까지 걸어갈 용기이자,
너 자신과의 약속을 지키는 힘이야.
작은 약속을 지킬 때마다
너는 더 단단한 사람으로 성장할 거야.

1.
자유에는 책임이 따르고,
그 책임이 우리를 성장하게 해

자유는 모든 인간에게 엄청난 요구 사항입니다.

자유에는 책임이 따릅니다.

성장하기를 꺼리는 사람,

자신의 무게를 짊어지고 싶지 않은 사람에게

이것은 두려운 전망입니다.

★

엘리노어 루즈벨트

엘리노어 루즈벨트 (Eleanor Roosevelt, 1884 - 1962)는 미국의 첫 번째
여성으로서, 프랭클린 D. 루즈벨트 대통령의 부인이자 인권 운동의 상징적인
인물입니다.

자유는 가벼운 선물이 아니야.

그 안에는 무겁고도 소중한 책임이 담겨 있어.

성장을 두려워하거나, 자신의 길을 가고 싶지 않다면

자유는 버거운 짐처럼 느껴질 수 있어.

하지만 자유를 받아들일 준비가 되어 있다면,

그 책임감에서 너는 진정으로 성장할 거야.

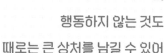

2.
행동하지 않는 것도
때로는 큰 상처를 남길 수 있어

사람은 자신의 행동뿐만 아니라

행동하지 않음으로 인해

다른 사람에게 해를 끼칠 수 있으며,

어느 경우든 피해에 대해

정당하게 책임을 져야 합니다.

★

존 스튜어트 밀

존 스튜어트 밀 (John Stuart Mill, 1806 - 1873)은 영국 철학자이자 경제학자로,
자유론에서 개인 자유와 사회 권리의 균형 및 자유 사회의 중요성을 설파했습니다.

우리는 내가 한 행동뿐만 아니라,

아무것도 하지 않은 것도 누군가에게 상처가 될 수 있어.

모든 선택에는 책임이 따르고,

그 책임을 진심으로 받아들이는 것이 중요해.

Day

3.

자유를 원한다면,

그 뒤에 따르는 책임을 받아들여야 해

대부분의 사람은 자유를 진정으로 원하지 않습니다.

왜냐하면 자유에는 책임이 수반되고

대부분의 사람은 책임을 두려워하기 때문입니다.

★

지그문트 프로이트

지그문트 프로이트 (Sigmund Freud, 1856-1939)는 오스트리아의 정신분석학 창시자로, 무의식과 심리적 갈등을 탐구하며 현대 심리학에 큰 영향을 미친 인물입니다.

자유를 원한다면, 그 뒤에 따르는 책임을 받아들여야 해.

대부분의 사람이 자유를 꿈꾸지만, 그 꿈이 두려운 이유는

그 속에 숨겨진 무게를 두려워하기 때문이야.

네가 원하는 자유를 누리려면,

그 책임을 당당히 짊어질 용기가 필요해.

5. 약속,

약속은 눈에 보이지 않지만, 가장 선명한 선과 같아.

너와 누군가를 잇는 투명한 다리처럼 말이야.

그 위를 걸을 때마다 서로의 마음을

조금 더 가까이 느낄 수 있어.

작고 사소한 약속일지라도, 그 순간만큼은

서로를 믿고 기다리는 시간이 되는 거야.

"약속은 두 영혼이 만든 다리다.

그 다리를 통해 우리는 서로를 이해하고 존중한다."

★

헬렌 켈러

약속은 말로 끝나는 일이 아니야.

그건 너의 시간과 마음을 담아,

다른 누군가에게 보내는 작은 증표 같은 거야.

그리고 지키지 못한 약속은,

무너진 다리처럼 그 믿음은 허물어질 수밖에 없어.

그래서 약속은 때로 너를 시험하곤 해.

"너는 이 마음을 지킬 준비가 되었니?"라고…

"네가 한 약속은 세상의 누구도 대신 지켜줄 수 없다.

그 약속은 오롯이 네 몫이다."

★

마크 트웨인

가끔은 약속을 지키기 위해 애쓰는 일이

너를 힘들게 만들 수도 있어.

하지만 꼭 기억해야 해.

약속을 지킨다는 건 단지 시간을 지키는 게 아니라,

너 자신에게 정직해지는 일이란 걸.

그 순간 너는 믿음을 주고받으며

더 단단한 사람이 되어 있을 거야.

너의 오늘에 투명한 선 하나를 그려보면 어떨까?

그 선이 누군가와 너를 연결하는 따뜻한 약속이 되고,

그 약속이 너의 마음속에서

작은 빛으로 오래도록 반짝이길 진심으로 바라.

너는 약속을 지킬 때마다
점점 더 멋진 사람이 되어갈 거야.
약속이 너의 삶을 바꿀 수 있다는 걸 믿고,
오늘부터 그 약속을 지키기 위한
첫걸음을 내디뎌 보자.

1.
진심으로 한 약속은,
서로의 마음에 깊은 신뢰의 뿌리를 내리게 해

약속은 그 자체로 신뢰의 증거이지만,

지킬 때 비로소 진정한 신뢰가 생긴다.

윌리엄 셰익스피어

윌리엄 셰익스피어 (William Shakespeare)는 1564년 영국에서 태어난 극작가이자
시인으로, 《햄릿》, 《로미오와 줄리엣》 등 39편의 희곡과 154편의 소네트를 남긴
세계적인 문학의 거장입니다.

약속은 마음속에 조용히 내려앉은 씨앗과 같아.

그 씨앗을 심는 순간, 땅속에서 움터 나오고,

결국 서로를 이어주는 강한 뿌리가 돼.

그때, 비로소 우리가 나누는 믿음은 깊어지고,

서로의 신뢰가 하나로 연결되는 거야.

2.
약속을 지키는 순간,
스스로를 존중하는 길을 걷게 되는 거야

약속을 지키면

당신은 당신 자신에 대한 존경을 보여준다.

★

로버트 메이어스

로버트 메이어스 (Robert Meyers)는 미국의 심리학자이자 치료 전문가로, 청소년과 가족 치료 분야에서 활약했으며, 부모 교육과 행동 치료에 관한 연구로 잘 알려져 있습니다.

164

약속을 지킨다는 건,

단지 다른 사람에게 신뢰를 주는 것이 아니라,

가장 먼저 자신에게 존경을 보여주는 일이야.

네가 한 말을 지킬 때, 너는 너 자신을 믿고,

그 믿음 속에서 자라나는 힘을 느끼게 될 거야.

3.
약속을 지키는 순간,
스스로를 존경하는 길을 걷게 되는 거야

약속을 지키는 것은

자기를 다스리는 능력의 표현이다.

★

브라이언 트레이시

브라이언 트레이시 (Brian Tracy)는 캐나다 출신의 자기계발 작가이자 연설가로,
성공적인 사람들의 습관과 목표 달성에 관한 책을 집필했습니다.

약속을 지키는 것은

네 마음속 깊은 곳에서 우러나오는 존중의 표현이야.

그것은 단순히 외적인 의무를 넘어,

너 자신과의 약속을 지키는 진지한 여정이기도 해.

그 약속을 지킬 때마다,

네 안에 잠재된 강한 의지가 살아나고,

그 힘은 너를 더욱 성장하게 만들어줄 거야.

4장

마음의 거리부터 가까워지는 소통

사람은 원래 깨끗한 것이지만,
모두 인연에 따라 죄와 복을 부르는 것이다.
저 종이는 향을 가까이 하여 향기가 나고,
저 새끼줄은 생선을 꿰어 비린내가 나는 것과 같은 것이다.
사람은 조금씩 물들어 그것을 익히지만,
스스로 그렇게 되는 줄을 모를 뿐이다.

★

법구경

1. 감사,

행복을 주는
마음 웃기의 시작

어떤 순간에는 감사하는 마음이 잊혀 질 때가 있어.

세상이 너무 빠르게 돌아가고,

네가 원하는 것들이 너무 많아서,

지금 가지고 있는 것들에 눈을 돌리지 못할 때도 있겠지.

하지만 기억해, 감사는 단순히 고백하는 말이 아니라,

삶을 바라보는 특별한 시선이자,

행복을 주는 마음 웃기의 시작이라는 것을.

"감사는 우리의 삶을 풍요롭게 만든다."

★

존 F. 케네디

감사하는 마음은 우리가 가지지 못한 것에 아쉬워하는 대신,

지금 이 순간 내가 가진 것에 집중하게 만들어.

그렇게 우리는 주변의 작은 행복을 놓치지 않게 되고,

삶이 선물처럼 느껴지기 시작해.

어떤 것이든 감사할 이유는 항상 존재하고,

그 마음을 품는 순간,

우리는 더욱 행복해지며 마음 웃기가 시작될 거야.

"감사는 우리를 가장 가까운 사람들과의 관계로 이끌어준다."

★

데이비드 스티븐슨

때로는 작은 일에 감사하는 법을 잊을 수도 있지만,

그 감사의 마음이 일상을 바꾸는 마법이 된다는 걸 알아둬.

너의 하루가 아무리 바쁘고 힘들어도,

그 안에 숨겨진 작은 기적들을 찾아내는 것이 중요해.

감사하는 마음을 가질 때,

너는 세상과 더 깊이 연결될 수 있고,

모든 것이 조금 더 빛나게 될 거야.

그러니 오늘도 감사하는 마음으로,

세상의 작은 선물들에 눈을 돌려봐.

그 안에서 진정한 행복과 평온을 찾을 수 있을 거야.

감사의 힘을 믿어,

그 마음이 너의 삶을 더 아름답게 만들어줄 테니까.

오늘 감사하는 마음이 너의 삶을 풍요롭고 의미 있게 만들고,

그 감사는 세상에 긍정적인 변화를 일으킬 거야.

지금 가진 것에 감사하면,

너에게 내일은 더 따뜻하고 소중한 하루가 될 거야.

1.
작은 것에 감사 할수록
더 큰 행복이 찾아올 거야

감사는 인간의 감정 중에서 가장 건강한 것이다.

여러분이 가진 것에 대해 더 많은 감사를 표할수록,

여러분은 더 많은 감사를 표할

가능성이 있을 것입니다.

지그 지글러

지그 지글러 (Zig Ziglar, 1926 - 2012)는 미국의 유명한 동기부여 연설가이자
작가로, 긍정적 사고와 목표 설정을 통해 개인과 조직의 성공을 돕는 메시지를 전한
인물입니다.

감사는 네 마음에 가장 맑은 빛을 비춰주는 힘이야.

작은 것에 감사할수록 더 큰 행복이 찾아올 거야.

지금 가진 것들에 눈을 돌려봐, 그 안에 이미 소중한 것이 있어.

감사로 시작한 하루가 너의 세상을 따뜻하게 물들일 거야.

2.
감사를 느끼는 순간,
너의 삶은 더 따뜻해질 거야

감사는 평범한 날들을 감사의 선물로 바꿀 수 있고,

일상적인 일들을 기쁨으로 바꿀 수 있으며,

평범한 기회들을 축복으로 바꿀 수 있다.

★

윌리엄 아서 워드

윌리엄 아서 워드 (William Arthur Ward, 1921 - 1994)는 미국 작가이자 교육자로, 희망과 감사, 긍정적 사고로 영감을 주며 "감사는 마음의 기억이다"로 유명합니다.

감사는 마법 같은 힘을 가지고 있어.

그 힘은 평범한 오늘을 특별한 선물로 바꿀 수 있고,

익숙한 일상에 기쁨을 불어넣어 주며,

작아 보였던 기회들을 소중한 축복으로 변화시키지.

감사를 느끼는 순간, 너의 삶은 더 따뜻해질 거야.

감사는 단순한 말이 아니라,
진심을 전하는 연결의 다리야.

감사는 관계를 강화하는 강력한 도구입니다.

당신이 다른 사람에게 감사할 때

당신은 그들과 더 깊은 관계를 맺을 수 있습니다.

존 록펠러

존 록펠러 (John D. Rockefeller, 1839 - 1937)는 미국의 산업 재벌이자 자선가인
그는 스탠다드 오일을 창립해 석유 산업을 사실상 독점하며 세계 최고 부호 중
하나로 자리 잡았다.

감사는 너와 다른 사람을 이어주는

마법 같은 힘을 가지고 있어. 네가 감사할 때,

그 끈은 더 단단히 이어지고, 서로의 마음속에

더 깊은 자리를 차지하게 될 거야. 감사는

단순한 말이 아니라, 진심을 전하는 연결의 다리이니까.

2. 존중,

주는 것과 받는 것이
모두 필요한 마음 언어

우리는 때때로 상대방에게 기대하는 대로 행동하기보다는
자신의 감정이나 생각만을 우선시할 때가 많아.
하지만 존중은 그저 예의로만 끝나는 게 아니야.
존중은 마음 깊은 곳에서 나오는 진정성 있는 대화이고,
그 대화는 우리가 서로를 이해하고 배려하는 길을 열게 해.

"존중은 사랑의 가장 깊은 형태이다."

★

존 러스크

내가 너를 존중하는 만큼,
너도 나를 존중해 주길 바란다는 마음이 있다면,
그건 서로에게 주는 가장 큰 선물이 될 거야.
우리가 서로에게 보여주는 존중은

그 어떤 물질적인 것보다 값지고 오래 남는 법이니까.

상대방이 너와 다르게 생각하거나 다른 모습을 보인다고 해서,

그들을 경시하거나 멀리하지 마. 오히려 그 차이를 이해하고,

그들만의 세상과 가치를 존중해보는 거야.

"모든 사람은 존중받을 가치가 있다."

★

마야 안젤루

이 세상에 태어난 모든 사람은 그 자체로 가치가 있어.

너의 생각과 다른 사람의 생각이 다를 때,

그 다름이 너와 그 사람 사이를 멀어지게 하지 않도록 해.

서로 다른 점을 존중할 때,

오히려 우리는 더 넓은 존중과 이해를 형성할 수 있게 돼.

존중은 단순히 상대방을 인정하는 것이 아니라,

그들의 차이를 사랑하고, 그 속에서

우리가 더 많이 배우고 성장할 기회를 주는 거야.

너도 알겠지만, 존중이 없는 관계는 언제든지 깨질 수 있어.

하지만 마음을 담아 상대방을 존중할 때,

그 관계는 오래도록 깊어질 수 있어.
그저 나를 이해해달라고 하는 것이 아니라,
내가 먼저 상대방을 이해하려고 노력하고,
서로 존중하는 마음으로,
세상을 조금 더 아름답게 만들어가길 바라.

존중은 서로를 이해하는 마음의 빛,
서로의 다름을 인정하며 가까워지는 길이야.
너의 작은 배려가 세상을 바꿀 수 있다는 걸 기억해,
그 진심이 더 아름다운 관계를 만들어 줄 거야.

Day
.

우리 모두는 서로 다르고 특별한 존재입니다.

그 사실을 존중하고 받아들이는 것이 중요합니다.

★

메리 엘렌 에드워즈 워커

메리 엘렌 에드워즈 워커 (Mary Ellen Edwards Walker)는 미국의 의사이자 여성 권리 운동가로, 남북 전쟁 중 여성 군의사로 복무하였으며, 최초로 여성에게 의학 박사 학위를 수여한 인물입니다 너는 특별한 존재야, 다른 누구와도 같지 않은 빛을 가진.

너의 다름이 바로 너만의 아름다움이니까.

서로의 다름을 인정하고, 그 속에 숨겨진 가치를 보았을 때,

우리는 더 깊은 이해와 존중으로 이어질 수 있어.

2.
존중하는 마음은,
상대의 말을 귀 기울여 듣는 데서 시작돼

상대를 존중하는 것은
상대방의 말을 경청하는 것에서부터 시작된다.

제임스 헨리

제임스 헨리 (James Henry, 1839 - 1912)는 미국의 군인으로, 남북 전쟁 중 북군 장교로 활약하였으며, 전쟁 후에는 정치와 사회 활동에도 참여한 철저한 전략가입니다.

상대를 존중하는 마음은,

말을 귀 기울여 듣는 데서 시작돼.

그리고 너의 생각을 말하기 전에,

먼저 상대의 마음을 이해하려는 데서 출발해야 해.

3.
내가 너를 존중할 때,
너도 나를 존중하게 돼

존중을 받을 수 있는

유일한 방법은 존중을 보여주는 것이다.

★

랄프 왈도 에머슨

랄프 왈도 에머슨 (Ralph Waldo Emerson, 1803 - 1882)는 미국의 철학자이자 시인,
에세이스트로, 초월주의 운동을 이끈 중요한 인물입니다.

존중은 먼저 나누는 마음에서 시작돼,

내가 너를 존중할 때, 너도 나를 존중하게 돼.

서로에게 마음을 열고, 이해하려는 노력이 있을 때,

비로소 진정한 존중이 우리 사이에 흐르게 돼.

Day

4.
타인을 경의로 대할 때,
너는 아름다움을 갖춘 사람이 될 거야

자신에 대한 존중이 우리의 도덕성을 이끌고,
타인에 대한 경의가 우리의 몸가짐을 다스린다.

★

로렌스 스턴

로렌스 스턴 (Laurence Sterne, 1713 - 1768)는 영국의 작가이자 신학자로,
풍자적이고 실험적인 문체로 잘 알려져 있으며, 18세기 문학에 혁신을 일으킨
인물입니다.

너 자신을 존중하면, 올바른 길이 자연스럽게 보이고,

타인을 경의로 대할 때, 너의 삶은 더욱 품격 있게 돼.

이 두 가지 마음을 가질 때,

너는 진정한 힘과 아름다움을 갖춘 사람이 될 거야.

3. 배려,

이해와 존중의 마음 언어로
표현하는 소통

배려는 큰일에서 시작되지 않아.

때로는 작은 말 한마디, 따뜻한 눈빛, 잠깐의 관심이

그 사람에게는 상상할 수 없을 만큼 큰 위로가 돼.

배려는 다른 사람의 마음을 이해하고,

그 사람이 필요한 것이 무엇인지 살펴보는 마음에서 시작돼.

"내가 아는 한, 가장 작은 친절이 사람의 마음을 가장 크게 움직인다."

헬렌 켈러

너의 하루 속에서 배려는 언제나 가까이에 있어.

누군가가 힘들어 보일 때, 그 사람이 말하지 않아도

먼저 다가가 손을 내밀어 보고, 너의 배려를 느끼고,

그건 말로는 표현할 수 없는 큰 위로가 될 거야.

배려는 큰 일이 아니야. 그 사람을 이해하고,

그 사람이 필요로 하는 걸 살피는 마음에서 시작되니까.

배려는 아무 말 없이, 눈빛이나 작은 손길로 전해지기도 해.

"사랑은 말보다 더 깊은 곳에서 자라난다."

★

마야 안젤루

배려는 우리가 서로를 이해하려는 마음에서 시작돼.

누군가의 마음을 헤아리고,

그 마음을 존중하는 것이 배려의 본질이야.

너의 작은 배려가 그 사람에게 큰 힘이 되고,

그 힘은 또 다른 누군가에게 전달될 거야.

배려는 선순환처럼 퍼져 나가고,

세상을 조금씩 더 따뜻하게 만들어.

배려는 보이지 않는 힘을 발휘해.

네가 누군가를 배려하는 작은 순간이,

세상 전체에 긍정적인 영향을 미칠 수 있다는 걸 잊지 마.

배려는 바로 이렇게, 작은 것에서부터 시작돼.
너의 마음이 누군가에게 큰 힘이 되고,
그 힘은 계속해서 퍼져 나갈 거야. 너의 배려가
세상을 조금 더 밝고 따뜻하게 만들 수 있다는 걸 기억해.

배려는 말보다 깊은 마음으로 다가가는 것,
작은 관심이 큰 변화를 만든다는 걸 기억해.
너의 따뜻한 손길이 세상을 밝히고,
그 빛은 다시 돌아와 너에게 더 큰 행복을 줄 거야.

1.
배려는 계산이나 의무가 아닌,
마음속에서 자연스럽게 우러나는 감정이야

배려는 가슴 속에서 우러나는 것이지,
머리로 계산해서 하는 것이 아니다.

엘리자베스 길버트

엘리자베스 길버트 (Elizabeth Gilbert, 1969년 생)는 미국의 작가 엘리자베스
길버트는 자아와 삶의 의미를 탐구한 『먹고 기도하고 사랑하라』로 널리
알려졌습니다.

배려는 계산이나 의무가 아닌,

마음속에서 자연스럽게 우러나는 감정이야.

진정으로 누군가를 생각할 때,

그 마음은 세상에 따뜻함을 전할 수 있어.

2.
사랑은 화려한 말이 아닌,
진심에서 나오는 작은 배려야

마음을 자극하는
단 하나의 사랑의 명약,
그것은 진심에서 오는 배려다.

메난드로스

메난드로스 (Menander)는 고대 그리스의 극작가로, 인간관계와 일상생활의 유머를 섬세하게 그려내며, 그의 작품은 이후 로마 코미디와 유럽 극문학에 큰 영향을 미쳤습니다.

사랑은 화려한 말이 아닌,

진심에서 나오는 작은 배려야.

그 배려가 마음을 따뜻하게 하고,

진정한 사랑은 이렇게 서로를 채워가는 거야.

진정한 배려는

상대방을 판단하지 않고

그를 받아들이는 것이다.

★

앙드레 지드

앙드레 지드 (Andr Gide, 1869 - 1951)는 20세기 초 프랑스 문학을 대표하며,
개인의 자유와 내적 갈등을 다룬 『좁은 문』과 『가난한 자』로 유명합니다.

배려는 네가 상대를 있는 그대로 받아들이는 마음이야.

그의 약점마저 이해하고 존중하는 것이지.

네가 진심으로 그를 존중할 때,

두 사람의 마음은 자연스럽게

따뜻함과 온기를 나누게 될 거야.

4.관계,

서로의 생각과 마음이 만나
성장하는 상호작용

우린 종종 자신만의 세계에 갇혀,

다른 사람들의 마음을 이해하려고 하지 않을 때가 있어.

그러다 보면 마음은 멀어지고, 관계도 소원해지기 쉬워져.

하지만 관계는 단순히 함께 시간을 보내는 것이 아니라,

서로를 비추는 거울과도 같아.

서로를 진심으로 이해하려고 노력할 때,

그 관계는 특별한 의미를 지니게 돼.

네가 사람들에게 어떻게 대하느냐에 따라,

그 관계는 크게 달라질 수 있음을 알아야 해.

"진정한 관계는 서로의 마음을 만나는 것이다."

★

레프 톨스토이

너와 내가 함께하는 모든 순간이 바로 그 거울이 되어,
서로의 모습을 비추고, 서로를 성장하게 하는 기회를 주는 거야.
관계는 네가 상대방을 어떻게 대하느냐에 달려 있어.
네가 상대방을 존중하고, 그의 말을 경청할 때,
그 관계는 자연스럽게 깊어지고,
너와 상대방의 연결고리는 더욱 단단해지게 되어 있어.

"가장 큰 관계는 다른 사람을 있는 그대로 사랑하는 것이다."

★

에리히 프롬

너는 서로 다르고, 각자의 삶을 살아가고 있지만,
그 다름이 곧 이 세상을 풍요롭게 만든다는 것을 기억해.
서로의 다름을 인정하고, 이해하려는 마음을 가질 때,
너는 더 깊고 아름다운 관계를 만들어갈 수 있어.

관계에서 가장 중요한 것은 다름을 포용하는 것이야.
그 다름 속에서 진정한 소통이 이루어지고,
서로를 더 잘 이해하게 되는 거지.

너는 이제 그 첫걸음을 내디딜 준비가 되었어.
서로를 이해하고, 인정하는 마음으로,
세상에서 가장 아름다운 관계를 만들어가기를 바라고,
진정한 자아를 찾아, 함께 성장해 나가기를 바라.

서로의 마음을 진심으로 듣고 이해할 때,
우리는 더 깊고 아름다운 관계를 만들 수 있어.
다른 점을 존중하고 받아들이는 순간,
우리는 더 나은 자신을 발견하게 될 거야.

Day

1.
관계는 서로의 빛을 밝혀
함께 더 높이 오르게 하는 힘이야

관계는 서로를 보듬어
주는 것에 있어서 그치지 않고,
서로가 자신의 최고 버전으로
성장할 수 있도록 돕는 것이다.

★

마이클 버나드 벡위드

마이클 버나드 벡위드 (Michael Bernard Beckwith)는 미국의 영적 지도자이자
작가인 그는 아가페 국제 영적 센터를 설립하고, 사랑과 평화를 강조하는 영적 성장
활동으로 잘 알려져 있습니다.

관계는 서로의 날개를 펼쳐주는 것,

같은 하늘 아래 더 높이 오를 힘을 주는 거야.

너와 내가 함께라면, 꿈은 더욱 선명해지고,

서로의 빛을 더 밝게 비추게 될 거야.

2.
관계는 서로를 통해
사랑과 성장의 길을 배우는 따뜻한 선물이야.

관계는 우리가 서로의

가장 큰 선생님이 될 수 있게 해준다.

우리는 서로를 통해

배우고, 성장하고, 사랑하는 법을 배운다.

루이즈 헤이

루이즈 헤이 (Louise Hay, 1926 - 2017)는 미국의 작가이자 치유 전문가인 그녀는
베스트셀러 《You Can Heal Your Life》로 많은 독자들에게 영감을 주었습니다.

관계는 마음과 마음이 만나 주고받는 선물이야.

그 안에서 너는 이해를 배우고, 성장의 길을 찾는 거야.

서로의 존재로 사랑을 알게 될 때,

세상은 너에게 더 따뜻하게 다가올 거야.

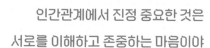

인간관계에서 가장 중요한 것은

서로에게 얼마나 많은 것을 줄 수 있는가가 아니라,

얼마나 많이 서로를 이해하고

존중할 수 있는가이다.

★

헨리 데이비드 소로

헨리 데이비드 소로 (Henry David Thoreau, 1817 - 1862)는 미국의 철학자, 작가, 자연주의자이자로, 《월든》과 《시민 불복종》을 통해 자연, 단순한 삶, 개인 자립, 비폭력적 저항을 강조했습니다.

인간관계에서 중요한 건 무엇을 주는가가 아니라,
서로의 마음을 이해하고 존중하는 거야.
그 마음이 전해질 때, 진정한 연결이 이루어지고,
서로를 위한 사랑이 깊어져 가는 거야.

5. 공감,

너, 혹시 누군가의 눈빛 속에서
그들의 이야기를 읽을 수 있다고 느낀 적 있어?
말없이 내뱉은 한마디보다,
그 사람의 깊은 마음속을 헤아리려는 마음이
때로는 더 큰 위로가 될 때가 있어.

공감은 말로 설명할 수 없는,
그저 함께 느끼려는 작은 손길이야.

"진정한 공감은 다른 사람의 마음속에 들어가
그들이 느끼는 것을 나도 느끼려는 것이다."

★

프레드 로저스

212

누군가가 고통 속에 있을 때,

그저 "괜찮아"라고 말하는 것으로는 부족해.

그들의 아픔을 함께 느끼고,

그 감정을 조금이라도 품어주는 것이 바로 공감이지.

그렇게 네가 그 사람의 마음속에 들어가,

그 사람을 이해하려고 애쓰는 순간,

그 사람은 혼자가 아니라는 걸 알게 될 거야.

"누군가의 마음을 진심으로 이해하는 것만큼

세상에서 더 큰 선물이 있을까?"

★

알프레드 아들러

공감은 말보다 더 깊은 연결을 만들어.

말없이도 서로를 이해하고,

그 사람의 울음도, 웃음도 함께 나누려는

그 마음이 결국 서로를 더 가깝게 만들어.

그 작은 마음의 손길이

세상을 조금 더 따뜻하게 만들 수 있다는 걸 기억해.

너도 할 수 있어,

누군가의 슬픔 속에 함께 앉아 그 마음을 느껴보는 것.

그렇게 한 걸음씩 다가가면,

너와 그 사람은 더 따뜻하게 연결될 거야.

공감은 그저 마음을 나누는 것,

그리고 그 나누는 마음속에 진정한 힘이 있다는 걸

잊지 말아야 해.

누군가의 마음에 조용히 귀 기울여 본 적 있니?
공감은 거창한 말이 아닌,
네 진심 어린 마음에서 시작돼.
작은 네 마음이,
누군가의 세상을 따뜻하게 바꿀 수 있어.

1.
진정한 공감은,
네가 겪는 아픔을 내 마음으로 느끼는 거야.

진정한 공감은 타인의 아픔을
자신의 아픔으로 느끼는 것이다.

★

아리스토텔레스

아리스토텔레스 (Aristotle, 기원전 384년 – 기원전 322년)는 고대 그리스의
철학자이자 과학자로, 플라톤의 제자로 잘 알려져 있으며, 서양 철학의 기초를 놓은
인물입니다.

진정한 공감은,

네가 겪는 아픔을 내 마음으로 느끼는 거야.

네 슬픔이 나의 슬픔처럼,

서로의 마음을 진심으로 이해할 때,

우리는 진정으로 하나가 될 수 있어.

2.
공감은 네 마음의 문을 열고,
그 사람의 세계에 함께 발을 들여놓는 거야.

공감은 내가 다른 사람과 함께
느낄 수 있도록 마음을 여는 것이다.

다이앤 폴란

다이앤 폴란 (Diane Pollard)은 미국의 심리학자이자 교육자로, 주로 교육 및 심리학 분야에서 활동한 인물입니다.

공감은 네 마음의 문을 열고,

그 사람의 세계에 함께 발을 들여놓는 거야.

너의 눈빛으로 그들의 아픔을 바라보며,

서로의 마음을 나누는 순간, 공감은 완성되는 거야.

3.
공감은 타인의 이야기 속에서
너의 감정과 맞닿은 부분을 찾는 거야

공감은 타인의 이야기에서
자신의 이야기를 발견하는 것이다.

★

토니 모리슨

토니 모리슨 (Toni Morrison, 1931 - 2019)은 아프리카계 미국인 작가로,
'빌러비드', '사랑하는 사람' 등의 작품으로 1993년 노벨 문학상을 수상했습니다.

공감은 타인의 이야기 속에서

너의 감정과 맞닿은 부분을 찾는 거야.

그들의 아픔과 기쁨이 네 마음에 스며들 때,

우리는 서로를 이해하며 더욱 가까워질 수 있어.

5장

어제 보다 더 나은 성장을 위한 시작

성장은 당신이 도달해야 할 목적지가 아니라,
매 순간 이루어지는 과정이다.
오늘의 작은 노력과 내일의 한 걸음이 모여
당신을 더 나은 방향으로 이끌 것이다.
가장 중요한 것은 중단하지 않는 것이다.
조금씩이라도, 계속 나아가라.

★

마하트마 간디

1. 독서,

책 속에서 만나는
또 다른 나

"내가 정말 원하는 건 뭘까? 앞으로 어디로 가야 할까?"
그럴 때, 책 한 권을 펼쳐 봐. 그 안에는 너를 위한 대답이,
아니, 더 큰 질문과 끝없는 가능성이 담겨 있어.
책은 단순한 종이와 글자가 아니야.
그건 마치 창문 같아서, 네가 몰랐던 세상을 보여주고,
또한 너 자신을 더 깊이 발견할 수 있어.

"읽는 사람은 두 개의 삶을 산다. 하나는 자신의 삶이고,
또 다른 하나는 책 속에서 발견하는 삶이다."

★

조지 R.R. 마틴

책 속에서 너는 시간과 공간을 넘어
지금과는 다른 시대, 낯선 풍경 속에서
너와 비슷한 고민을 품은 인물을 만나고,
그들의 이야기를 통해 용기를 얻을 수 있지.
때론 실패로부터 배울 수 있고,
때론 성공의 비밀을 깨닫게 될지도 몰라.
읽는 순간, 너의 마음은 더 깊어지고 넓어져.
작은 생각이 커다란 꿈으로 자라고,
두려움이 용기로 변화는 경험을 할 수 있을 거야.

"우리가 책을 읽는 이유는,
더 나은 사람이 되기 위해서가 아니라,
더 진정한 사람이 되기 위해서다."

★

칼 세이건

그러니 책을 가까이 해봐.
한 페이지 한 페이지 넘길 때마다,
너는 세상을 배우고,
너 자신을 사랑하는 법을 알게 될 거야.

그 속에서 만나는 모든 문장은
결국 네가 써 내려갈 이야기를 위한 준비일 테니까.
읽고, 느끼고, 그리고 너만의 이야기를 만들어 봐.
너는 이미 그 첫걸음을 내디딘 거야.

책 속에는 너의 이야기가 숨어 있어.

그곳에서 너는 자신을 만날 수 있고,

세상의 다른 목소리도 들을 수 있어.

한 줄, 한 문장이 너에게 새로운 길을 열어줄 거야.

책은 너를 더 깊고 넓은 세상으로 인도하는 열쇠가 될 거야.

Day
*

1.
음식을 통해 몸을 강하게 하고,
책을 통해 마음의 날개를 펼칠 수 있어

사람은 음식물로 체력을 배양하고
독서로 정신력을 배양한다.

아르투르 쇼펜하우어

아르투르 쇼펜하우어 (Arthur Schopenhauer, 1788 - 1860)는 독일의 철학자로
비관주의를 대표하며, 삶을 고통과 욕망의 연속으로 보고 이를 극복하기 위해
예술과 금욕을 제시했다.

너는 음식을 통해 몸을 강하게 하고,

책을 통해 마음의 날개를 펼칠 수 있어.

몸은 강하고, 정신은 풍성해지는 이 두 가지가

너를 더욱 빛나는 존재로 만들어줄 거야.

2.
내일로 미루지 마,
오늘 읽은 한 페이지가 내일을 바꿀 거야.

기회를 기다리는 것은 바보짓이다.

독서의 시간이라는 것은 지금 이 시간이지

결코 이제부터가 아니다.

오늘 읽을 수 있는 책을 내일로 넘기지 마라.

★

헨리 잭슨

헨리 잭슨 (H. Jackson)은 미국의 작가이자 사회 운동가로, 여성과 아동 권리 증진에 헌신했으며, 20세기 초 미국 사회에 기여했습니다.

기회를 기다리는 건 시간 낭비야, 지금이 바로 그 순간이야.

책 속에서 찾을 수 있는 진리는 오늘에만 살아 있어.

내일로 미루지 마, 오늘 읽은 한 페이지가 내일을 바꿀 거야.

책을 통해 오늘을 채우고, 내일을 더 멋지게 만들어 가.

책을 읽을 때마다 행복이 쌓이고,
더 많이 읽을수록 그 행복은 커져갈 거야

생애에서 몇 번이고 되풀이해 읽을 수 있는

한 권의 책을 가진 사람은 행복한 사람이다.

더욱이 여러 권의 책을 가진 사람은

행복을 다한 사람이다.

★

몽테를랑

몽테를랑 (Jean de La Fontaine, 1621 - 1695)은 프랑스의 시인이자 우화
작가입니다. 그의 작품은 인간의 본성, 도덕적 교훈, 사회적 풍자 등을 주제로 하고
있습니다.

한 권의 책을 여러 번 되풀이해 읽을 수 있다면,

그 속에서 매번 새로운 의미와 행복을 찾을 수 있을 거야.

더 많은 책을 가질수록 그 행복은 커지고,

너는 그 책들과 함께 더욱 풍성한 삶을 살아갈 거야.

2. 배움,

너는 가끔 배움이 끝이 없는 길처럼 느껴지지 않니?

그 길을 한 걸음씩 내디딜 때마다 새로운 풍경이 펼쳐지고,

또 다른 세상이 열리는 것 같지?

때로는 그 길이 멀고 험해 보일지라도, 그 끝에서

너를 기다리고 있는 건 더 넓은 세상과 새로운 너 자신이야.

그걸 알게 되면, 모든 힘든 순간들도 의미가 있어.

"배움이란 끝없이 뻗어가는 길이며,

그 길에서 우리는 진정한 자신을 만난다."

★

아리스토텔레스

때로는 그 길이 너무 힘들고 멀게만 느껴질 때가 있어.

하지만 그럴 때일수록 기억해. 배움은 절대 멈추지 않으며,

너는 그 길을 걸어갈 때마다 조금씩 더 나은

사람이 되어 간다는 걸. 그 길 끝에 기다리고 있는 건

결국 더 넓은 세상, 그리고 너 자신이니까.

조금 더 힘을 내 보자.

"배움은 결코 끝이 없다. 그 끝은 항상 새로운 시작을 의미한다."

★

헨리 포드

배움은 단지 책 속에서만 이루어지는 게 아니야.

너는 살아가면서 매일매일 새로운 것들을 배우고 있지.

사람들의 이야기, 그들의 경험, 그 모든 것이

너에게 새로운 지혜와 가르침을 줄 거야.

배움은 너를 더 나은 사람으로 만들어 줄 뿐만 아니라,

다른 사람들을 더 잘 이해하게 해줘.

너는 지금 이 길을 걷고 있어, 그리고 그 끝에 있을

새로운 너는 지금보다 훨씬 더 넓고 깊어진 존재일 거야.

배움은 그 끝이 없는 여정이야.

그 길에서 만나는 모든 것들이 너를 성장시킬 거야.
조금씩 나아가면서, 너는 더 멋진 사람이 되어 갈 거야.

배움이란 끝이 없는 질문 같은 거야.
걸어갈수록 더 많은 답이 생기고,
그 답들이 또 다른 질문을 불러오지.
그러다 보면, 어느새 더 깊어진 네가 보일 거야.

1.

책을 읽을 때마다 행복이 쌓이고,
더 많이 읽을수록 그 행복은 커져갈 거야

배움에는 끝이 없다. 책을 읽거나,

시험에 합격하거나, 교육을 마치는 것이 아니다.

왜냐하면 태어나는 순간부터 죽는 순간까지의

인생 전체가 배움의 과정이기 때문이다.

지두 크리슈나무르티

지두 크리슈나무르티 (Jiddu Krishnamurti, 1895 - 1986)는 인도의 철학자이자
정신적 지도자로, 기존 종교와 교리를 넘어선 자유롭고 깊은 자기 인식을 강조한
인물입니다.

한 권의 책을 여러 번 되풀이해 읽을 수 있다면,

그 속에서 매번 새로운 의미와 행복을 찾을 수 있을 거야.

더 많은 책을 가질수록 그 행복은 커지고,

너는 그 책들과 함께 더욱 풍성한 삶을 살아갈 거야.

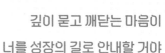

2.
깊이 묻고 깨닫는 마음이
너를 성장의 길로 안내할 거야

널리 배우고 자세히 물으며, 깊이 생각하고,

분명히 분별하며, 꾸준히 실천하라.

여기에 학문의 길이 있다.

★

주자

주자 (朱子, 1130 - 1200)는 중국 송나라 시대의 대표적인 유학자이자 철학자로,
성리학性理學을 체계적으로 정리하고 발전시켜 후대 동아시아 사상에 깊은 영향을
주었습니다.

세상의 지혜를 넌 어떻게 마주할까?

궁금함에 문을 열고, 생각의 나래를 펼치며,

옳고 그름을 가슴으로 느끼고, 한 걸음씩 걸어가겠지.

그 길 위에 네가 꿈꾸는 모든 배움이 피어날 거야.

Day

3.
진정한 젊음은, 너의 마음이
열려있을 때 찾아오는 거란 걸 잊지 마.

배움을 멈추는 사람은

스무 살이든 여든 살이든 늙는다.

계속 배우는 사람은 젊음을 유지합니다.

인생에서 가장 위대한 것은

마음을 젊게 유지하는 것입니다.

헨리 포드

헨리 포드 (Henry Ford, 1863 - 1947)는 미국의 산업 혁명가이자, 포드 자동차
회사를 창립한 기업가입니다.

배움을 멈추면 마음부터 늙어가는 거야.
스무 살이라도 배우지 않으면 늙는 거고,
여든 살이라도 배우면 젊음을 유지하지.
결국 중요한 건 마음을 젊게 사는 거야.

3. 시간,

지나간 순간들이
쌓여 만들어진 흔적

너는 시간을 느껴본 적 있니?
손끝에서 흘러내리는 물처럼,
잡으려 하면 이미 사라지고 마는 것.
시간은 우리에게 늘 가까이 있지만,
결코 붙잡을 수 없는 신비스러운 거야.
그럼에도 시간은 너에게 말없이 속삭이지.
내가 줄 수 있는 건 지금뿐이야.

"시간은 우리가 가진 가장 귀한 자산이며,
그걸 어떻게 사용하는지가 우리 삶을 정의한다."

★

피터 드러커

바쁜 하루 속에서

때로는 시간을 잃어버린 듯 느낄지도 몰라.

하지만 너의 발걸음이 느리더라도 괜찮아.

지금 네가 있는 이 순간이

너를 앞으로 나아가게 할 거야.

네가 그 시간을 어떻게 채우는가가

결국 너의 이야기를 만들어갈 테니까.

"시간을 지배하는 이는 삶을 지배하는 자와 같다."

★

발타자르 그라시안

때로는 시간을 낭비한 것처럼 느껴질 수도 있어.

하지만 걱정하지 마.

네가 충분히 느끼고, 배우고, 꿈꿨다면

그 시간은 절대 헛되지 않았어.

시간은 기다려주지 않지만,

항상 너에게 새로운 기회를 가져다줘.

지금, 이 순간도 너의 것이야.

시간의 속삭임에 귀 기울여 봐.

그 속에서 네가 해야 할 일을,

네가 되고 싶은 사람을 찾아봐.

시간은 네 편이야, 너를 기다리지 않을 뿐이지.

시간은 너의 발걸음에 따라 달라져.

어제는 지나갔지만, 오늘이 너에게 새로운 기회를 줘.

너의 꿈과 생각이 모여, 그 순간이 너의 이야기가 되는 거야.

지금, 이 시간에 집중할 때,

내일은 그 자체로 선물이 될 거야.

시간은 끊임없이 흐르지만,
중요한 건 바로 지금 이 순간을 소중히 여기는 거야.

시간의 걸음걸이에는 세 가지가 있다.

미래는 주저하면서 다가오고,

현재는 화살처럼 날아가고,

과거는 영원히 정지하고 있다.

프리드리히 실러

프리드리히 실러 (Friedrich Schiller, 1759 - 1805)는 독일 고전주의를 대표하는
시인, 극작가, 철학자로, 《빌헬름 텔》, 〈오드 투 조이〉 등에서 인간의 자유와
도덕을 다뤘습니다.

시간은 세 가지 모습으로 우리에게 다가와.

미래는 조심스레 발걸음을 내딛고,

현재는 그저 한순간, 날아가듯 지나가며,

과거는 마치 멈춘 듯, 우리 마음에 깊이 남아 있어.

2.
시간은 네 몸과 마음이 쓰는 에너지니까,
아끼고 소중히 써야 해.

오늘 하루를 헛되이 보냈다면

그것은 커다란 손실이다.

하루를 유익하게 보낸 사람은

하루의 보물을 파낸 것이다.

하루를 헛되이 보냄은 내 몸을 헛되이

소모하고 있다는 것을 기억해야 한다.

★

앙리 프레데리크 아미엘

앙리 프레데리크 아미엘 (Henri Frédéric Amiel, 1821 - 1881)은 스위스 철학자이자
작가로, 『일기』에서 삶과 존재를 탐구한 감성적이고 철학적인 글로 유명합니다.

하루를 헛되이 보내면, 그 시간은 다시 돌아오지 않아.

하지만 오늘을 잘 보냈다면, 그건 소중한 보물을 찾은 거야.

시간은 네 몸과 마음이 쓰는 에너지니까, 아끼고 소중히 써야 해.

하루를 유익하게 보내는 것이 결국

삶을 빛나게 만드는 길이야.

한 번 지나간 시간은 다시 돌아오지 않으니,
지금 이 순간을 놓치지 마.

시간은 공짜이지만 값을 매길 수 없습니다.

소유할 수는 없지만 사용할 수는 있습니다.

T를 유지할 수는 없지만 쓸 수는 있습니다.

한 번 잃어버리면 다시는 되찾을 수 없습니다.

하비 맥케이

하비 맥케이 (Harvey Mackay)는 미국의 기업가이자 '맥케이 네트워크' 회장으로
활동하며, 관계의 중요성을 바탕으로 다수의 저서를 집필했습니다.

시간이란 공짜지만, 값을 매길 수 없잖아.

가질 순 없지만, 쓰는 건 우리의 몫이고.

멈출 수도 없지만, 잘 쓰면 빛나는 거야.

한 번 흘러가면 절대 돌아오지 않는다는 것, 알지?

4. 습관

너를 만든 보이지 않은
무의식적 행위

매일 반복되는 일상 속에서, 너는 알지?

그 작은 선택들이 결국 너를 만든다는 걸.

아침의 첫 발걸음, 잠자리에 들기 전 마지막 생각,

이 모든 순간이 조금씩 쌓여 네 삶을 빚어가고 있어.

그 작은 행동들이 결국 너를 이끌고,

내일의 너를 만들어가는 거야.

습관은 네가 선택하는 길이고,

그 길은 결국 너의 방향을 정하게 돼.

"우리는 우리가 반복적으로 하는 것이다.
그러므로 탁월함은 행동이 아니라 습관이다."

★

아리스토텔레스

매일 조금씩, 반복되는 일들 속에서
너는 자신을 만들어 가고 있어.
선택이 모여 습관이 되고,
습관은 너의 삶을 아름답게 만들고
하루하루의 그 작은 시작들이
내일의 너를 결정짓는다는 걸 기억해.
네가 무엇을 선택하느냐가 곧 네가 가는 길이야.
그 길이 조금씩 너를 더 나은 사람으로 이끌 거란 걸 믿어.

"습관은 반복 속에서 세상을 바꾼다."

★

한스 크리스티안 안데르센

변화는 하루아침에 일어나지 않아. 하지만 반복되는
그 작은 일들이 언젠가 큰 변화를 이끌어낼 거야.
습관은 네가 따라가는 것이 아니라, 네가 만든 길이 돼.
네가 선택한 습관이 너를 바꿀 거야.
작은 씨앗이 자라 큰 나무가 되는 것처럼,
오늘 너의 습관이 내일의 너를 만들어갈 거야.

이 모든 작은 실천들이 결국 너를 빛나게 할 거야.
그러니 오늘의 선택을 소중히 여기고,
매일 조금씩 쌓아가기만 하면 돼.
그 작은 힘이 너를 이루는 큰 열쇠가 되어,
언젠가는 너의 삶을 아름답게 변화시킬 거야.

오늘의 작은 선택들이 내일의 너를 만든다는 걸 기억해.

습관은 하루하루 쌓여 너의 삶을 바꾸고,

지금 이 순간들이 결국 더 나은 너를 만들어갈 거야.

그러니까 오늘을 소중히 여기길 바라.

1.
한 가지 나쁜 습관을 고치면,
다른 나쁜 습관도 자연스럽게 바뀌게 돼.

누구나 결점이 그리 많지는 않다.

결점이 여러 가지인 것으로 보이지만 근원은 하나인데

한 가지 나쁜 버릇을 고치면 다른 버릇도 고쳐집니다.

한 가지 나쁜 버릇은 열 가지 나쁜 버릇을

만들어낸다는 것을 잊으면 안 됩니다.

★

파스칼

블레즈 파스칼 (1623-1662)은 프랑스의 수학자, 물리학자, 철학자이자
작가입니다.

결점은 많아 보이지만,

그 뿌리는 하나, 한 가지 버릇에서 비롯돼.

하나를 고치면 다른 것들도 따라 변하고,

나쁜 습관 하나가 여러 가지를 키운다는 걸 잊지 마.

2.
오늘의 작은 습관들이
너의 성격을 만들고, 너의 운명을 만들어갈 거야.

운명은 그 사람의 성격에 의해 만들어진다.

그리고 성격은 그 사람의 일상생활의

습관에서 만들어진다.

그렇기에 오늘 하루 좋은 행동의 씨를 뿌려서

좋은 습관을 거두어들이도록 하지 않으면 안 된다.

좋은 습관으로 성격을 다스린다면

그때부터 운명은 새로운 문을 열 것이다.

★

존 데커

존 데커 (John Decker, 1880 - 1950)는 미국의 철학자이자 심리학자로, 인간 행동과 사고 연구를 통해 심리학과 사회학에 큰 영향을 미쳤습니다.

너의 오늘이 너의 내일을 만든다는 걸 기억해.

작은 습관들이 쌓여 성격이 되고, 그 성격이 너의 운명을 이끌어.

하루하루 좋은 선택을 한다면, 미래의 문이 열릴 거야.

지금 이 순간이 너의 인생을 바꿀 수 있는

기회라는 걸 잊지 마.

3.
처음엔 네가 습관을 만들어가지만,
시간이 지나면 그 습관이 네 삶을 만들어.

처음에는 우리가 습관을 만들지만,
나중에는 습관이 우리를 만든다.

존 드라이든

존 드라이든 (John Dryden, 1631 - 1700)은 그는 17세기 영국의 시인이자
극작가로, 왕정 복귀 시대에 활동하며 고전적인 문학 형식을 채택한 작품으로
유명합니다.

처음엔 네가 습관을 만들어가지만,

시간이 지나면 그 습관이 너의 삶을 만들어.

작은 선택들이 모여 큰 변화를 만들고,

결국 너의 삶은 네가 반복한 것들의 결과가 돼.

5. 언행

생각과 감정의 진심을
드러내는 흔적

네가 뱉은 말, 그리고 네가 한 행동,
그 모든 순간들이 사실은 너를 그리고 있어.
너의 진심은 눈에 보이지 않지만,
그 말과 행동의 흔적 속에서
사람들은 너를 읽어내.

"말은 거울이다. 그 사람의 마음과 품격을 비춘다."

★

요한 볼프강 폰 괴테

혹시 가끔 네 말과 행동이 다르게 느껴질 때 있니?
마음속에서 우러나온 진심이,
어딘가 말과 어긋나버리는 순간들 말이야.

그럴 때마다 스스로에게 물어봐.

"내가 정말 믿는 것을 말하고 행동하고 있나?"

작은 약속을 지킬 때,

네 말이 행동으로 이어질 때,

그때 사람들은 네가 어떤 사람인지 느끼게 돼.

말과 행동이 같은 궤도를 달릴 때,

그 진심은 누구보다 빛나게 보여.

"언행이 일치하지 않으면 신뢰를 잃는다.

진정한 힘은 말보다 행동에 있다."

★

벤자민 프랭클린

네가 하는 말은 작은 씨앗이야.

그 말에 네 행동이 물을 주고,

그 씨앗은 아름다운 신뢰의 나무로 자라나.

작은 말과 행동이 쌓여,

너라는 사람을 정의하게 될 거야.

그러니 오늘 네가 뱉는 말,
그리고 그 말을 따라가는 행동을 기억해.
진심을 담아 말하고,
그 진심을 담아 행동하면,
너는 너만의 빛나는 길을 걷게 될 거야.

네가 뱉는 말은 네 마음의 씨앗이고,

네가 하는 행동은 그 씨앗에 물을 주는 손길이야.

말과 행동이 일치할 때, 신뢰라는 나무가 자라나고,

그 나무는 네가 어떤 사람인지를 세상에 보여줘.

말보다 행동이 앞설 때,
진정으로 빛나는 사람이 될 수 있어

군자는 자기가 말한 것이
지나친 것을 부끄러워해야 한다.
실행하지 않는 말을 삼가고
말 이상으로 실천하도록 힘쓴다.

논어

『논어』(論語)는 공자의 가르침과 언행을 담은 유교 핵심 경전으로, 인仁, 예禮, 의義
등을 통해 인간다운 삶과 사회 질서를 주장했습니다.

네가 한 말이 너를 표현하는 거야,

실천하지 못할 말이라면 잠시 멈추고 깊이 생각해봐.

진짜 멋진 사람은 말보다 행동이 앞서는 법이니까.

네가 하는 작은 실천이 너를 더 빛나게 만들어줄 거야.

2.
너의 말과 행동은 결국 네게 돌아오니,
선한 길을 선택하는 것이 중요해

네가 한 언행은 너에게로 돌아간다.

즉 선에는 선이 돌아가고

악에는 악이 돌아간다.

★

증자

증자 (曾子, 505년경 - 436년경)는 중국 춘추전국시대의 유학자이자 공자의 제자 중 한 명으로, 유교의 중요한 사상가로 알려져 있습니다.

너의 말과 행동은 결국 네게 돌아와.

선한 마음은 좋은 일들을 불러오고,

악한 마음은 그 반대의 결과를 가져올 거야.

어떤 길을 선택할지는 네 손에 달려있다는 걸 잊지 마.

당신이 누구인지 알고 싶습니까?

묻지 마십시오. 행동하십시오!

행동이 당신을 묘사하고 정의할 것입니다.

토마스 제퍼슨

토마스 제퍼슨 (Thomas Jefferson, 1743 - 1826)은 미국의 제3대 대통령이자 독립
선언서 작성자로, 민주주의와 개인의 자유를 강조하며 미국의 영토 확장에 기여한
건국의 아버지입니다.

너의 진정한 모습을 알고 싶다면

그냥 묻지 말고, 너의 행동을 통해 보여줘.

말보다 중요한 건 네가 선택하는 순간들이니까.

그 순간들이 결국 너를 정의할 거야.

성장하는 너에게 들려주는

철학자의 한 문장

초판 1쇄 펴낸날 2025년 1월 31일

지은이 김한수
펴낸이 이종근
펴낸곳 도서출판 하늘아래

주소 경기도 고양시 일산동구 하늘마을로 57- 9 3층 302호
전화 (031) 976-3531
팩스 (031) 976-3530
이메일 haneulbook@naver.com
등록번호 제300-2006-23호

ISBN 979-11-5997-108-2 (43190)